4차 산업혁명을 주도할
6가지 코드

코딩과 **디자인**으로 미래를 설계하는 법

4차 산업혁명을 주도할
6가지 코드
코딩과 **디자인**으로 미래를 설계하는 법

1판 1쇄 펴낸 날 2018년 5월 24일
1판 2쇄 펴낸 날 2018년 8월 15일

지은이 안무정
펴낸이 나성원
펴낸곳 나비의활주로

디자인 design BIGWAVE

주소 서울시 강북구 삼양로 85길, 36
전화 070-7643-7272
팩스 02-6499-0595
전자우편 butterflyrun@naver.com
출판등록 제2010-000138호
상표등록 40-2017-0095961
ISBN 979-11-88230-36-5 03320

4차 산업혁명을 주도할 6가지 코드

코딩과 디자인으로 미래를 설계하는 법

안무정 지음

나비의 활주로

4차 산업혁명의
파고를 넘어라

4차 산업혁명은 국가와 기업뿐 아니라 가정에서도 관심 가져야 할 중
요한 아젠다. 산업혁명의 특징은 과학기술이 만들어낸 신기술이 사
회 변혁을 주도하는 것이다. 1차 산업혁명은 증기기관, 2차 산업혁명은
전기 동력 그리고 3차 산업혁명은 IT가 중심이었다. 4차 산업혁명은 클
라우드와 사물인터넷, 빅데이터, 인공지능 기술이 연결되고 융합하는
사물의 지능화가 이끄는 시대를 일컫는다.

과거의 산업혁명과 다르게 4차 산업혁명의 중요한 특징은 사회변화
의 주도권이 완전히 기술로 넘어간다는 것이다. 즉, 최신 기술이 정치·
경제·사회 시스템의 변화를 이끈다는 말이다. 우리가 4차 산업혁명에
관심을 가져야 하는 이유는 사물 지능화의 결과물인 인공지능과 로봇

이 우리의 일자리를 위협하고 있기 때문이다.

　이미 우리가 의식하지 못하는 사이에 기계가 사람들의 일을 대체하고 있다. 공항에서 항공권을 발권할 때도 이제는 사람이 아닌 무인 기계를 통해 발권한다. 스마트미터링Smart metering이란 기계의 보급도 급속화되고 있다. 스마트미터링으로 가스나 전기 사용량을 원격으로 측정할 수 있는데 이런 기계가 새로 짓는 아파트에 설치되고 있다. 스마트미터링이 확산되면 검침을 오는 이들의 일자리는 사라지게 된다. 카카오뱅크처럼 핀테크FinTech 기술을 활용한 IT기업이 인터넷 은행을 만들어기존 은행과 경쟁하듯이 오래 전부터 경쟁 우위를 점유하고 있는 전통기업은 이제 예상하지 못한 기업과 경쟁을 해야 하는 처지가 되었다.

앞으로 영역을 파괴하는 비즈니스가 대세가 될 것이다. 인터넷 은행의 출현으로 일반 은행도 모바일 기반으로 창구 업무를 전환할 것이다. 사이버 창구가 많아지면 자연스럽게 대면 창구는 줄어들게 되고 은행원도 함께 줄어들 것이다. 사람을 대신해서 인공지능이 주식 매매를 하면 고용이 축소되듯 사회 전 영역에서 기술실업이 대량 발생할 것이다.

4차 산업혁명을 주도하는 주체는 기업이다. 기업은 이전부터 프로세스 자동화를 통해 새로운 제품과 서비스를 만들어내고, 생산성을 높이는 한편 인건비와 고정비를 낮추어 가격 경쟁력을 확보하고 있다. 이런 과정을 혁신이라 말한다. 기업은 혁신하지 않으면 경쟁에서 뒤처지게 되고 결국 사라지게 되어 기업은 혁신의 DNA를 가질 수밖에 없는 운명이다.

구글, 애플, 아마존, 페이스북, 마이크로소프트, IBM, GE 같은 글로벌 기업들은 클라우드와 사물인터넷, 빅데이터, 인공지능 기술을 자신들의 핵심 비즈니스에 접목시켜 경쟁 우위를 선점하려고 치열한 싸움을 벌이고 있다. 아마존은 상담사가 해왔던 상품 추천을 로봇으로 대체해서 인건비를 절감하고 기업의 경쟁력을 높였다. 이처럼 기업은 4차 산업혁명 기술을 활용하여 적은 비용으로 새로운 제품과 서비스를 제공할 수 있는 최상의 기업환경을 확보하게 되었다. 스타트업도 과거에

비해 저비용으로 빠르게 제품과 서비스를 만들 수 있어 쉽게 창업할 수 있게 되었다.

4차 산업혁명은 국가의 시스템을 혁신할 수 있는 기반도 제공한다. 시민 소셜 빅데이터Citizen Social Bigdata를 중심으로 국가 정책을 기획·실행하면 낭비 없이 예산을 집행해 의료, 복지, 자연 재해 예측 등 사회 전반을 혁신할 수 있다.

이렇듯 4차 산업혁명은 기업과 스타트업 그리고 국가에게 혁신과 새로운 기회를 가져온다. 그러나 시스템의 지능화로 기술실업을 초래하는 양면성 때문에 정작 사람들이 어려움에 처하게 되는 아이러니한 상황에 빠지게 된다.

4차 산업혁명으로 인한 노동시장의 붕괴를 막기 위해 많은 논의가 시작되었다. 이런 대안에서 자주 언급되는 분야가 코딩이다. 4차 산업혁명이 사라지게 하는 일자리가 있다면 4차 산업혁명이 만들어내는 일자리가 있다. 4차 산업혁명의 새로운 일자리에 필요한 역량이 코딩이다. 코딩 역량은 클라우드, 사물인터넷, 빅데이터, 인공지능 기술을 연결·융합하는 데 필요하다. 코딩 역량을 확보하는 것이 4차 산업혁명을 준비하는 데 중요한 기술은 틀림없지만 코딩이 전부인 것처럼 말하는 것은 경계할 필요가 있다.

필자는 20년 넘게 최신 기술을 활용하여 새로운 서비스와 시스템을 기획하고 개발한 경험을 가지고 있다. 새로운 서비스와 시스템을 만들어가는 과정은 혼자가 아닌 여러 사람들과 협력으로 만들어가는 엔지니어링 과정이다. 세상을 읽는 힘, 사물에 대한 관심, 사람과 소통하고 협력하는 방법을 아는 것이 매우 중요하다.

그래서 우리는 4차 산업혁명이라는 숲을 보면서 코딩이라는 나무를 보아야 한다. 코딩이란 나무만 보면 4차 산업혁명이란 큰 숲을 볼 수 없다. 코딩을 하기 전 4차 산업혁명의 실체를 이해하고 코딩을 시작해야 불필요한 에너지 낭비를 줄이고 지속 가능한 자신만의 엔진을 만들 수 있다. 이 책은 비즈니스 사상가 대니얼 핑크가 쓴《새로운 미래가 온다》와 MIT 슬론경영대학원 교수인 에릭 브린욜프슨이 쓴《기계와의 경쟁》, 산업디자이너 김영세의《퍼플피플》에서 말하는 미래를 준비하기 위한 역량들을 필자의 경험과 4차 산업혁명 선진사례를 활용하여 쉽게 실행할 수 있도록 구체화시켰다. 필자는 4차 산업혁명을 주도하기 위한 6가지 코드를 과학기술, 예술, 영화, 건축, 스포츠, 역사, 음악, 게임, 기업 사례에서 찾아 그 의미와 역할을 정의하고 개발 방법을 설명한다.

이 책은 4차 산업혁명이 주도하는 기술 중심의 사회를 맞아 가족의 미래 직업과 자녀들의 교육을 걱정하는 학부형, 진로를 고민하는 학생,

취업 준비생 그리고 코딩에 대해 관심을 갖고 있는 이들을 대상으로 집필하였다. 그동안 시중에 출간된 4차 산업혁명 도서들이 기술과 사례를 소개하는 산업 관점에서 쓰여졌다면 이 책은 4차 산업혁명을 대처하기 위한 역량을 중심으로 이야기할 것이다. 이제 가정에서도 4차 산업혁명의 실체를 이해하고 역량 개발 전략을 준비할 때가 되었다. 우리가 실체를 정확히 모르면 막연한 두려움만 생길 뿐 대처 방안을 준비하는 데 어려움을 겪는다. 또 정확하지 못한 정보로 우왕좌왕하는 사이에 소중한 가정의 에너지를 낭비하게 된다. 4차 산업혁명도 다르지 않다. 이 책을 통해 4차 산업혁명에 대해 정확히 알고 나면 대응 전략이 명확히 보일 것이다.

4차 산업혁명?
4차 산업혁명!

CHAPTER 1

CHAPTER 2
6가지 코드로 4차 산업혁명을 주도하라

미래를 보고 현실을 기획하라

CHAPTER 3

Who is next?

CHAPTER 4

THE FOURTH

INDUSTRIAL

REVOLUTION

CHAPTER 1

4차 산업혁명?
4차 산업혁명!

아이폰,
그 변혁의 시대를 이야기하다

2007년 아이폰의 출시는 세계인의 생활과 산업 전반에 엄청난 변화를 끼쳤다. 폭발적으로 증가하는 정보와 복잡한 상거래가 손 안의 컴퓨터인 스마트폰으로 이동하게 되었다. 아이폰과 안드로이드폰의 폭발적인 증가로 애플과 구글은 막대한 수익을 창출하게 되었다. 아이폰은 스마트폰 제조 사업자와 페이스북, 유튜브, 트위터, 인스타그램, 카카오와 같은 온라인 소셜 네트워크 서비스 회사들에게도 크나큰 선물을 안겨주었다. 구글이 알파고를 만든 딥마인드DeepMind 회사를 5,700억 원을 들여서 인수한 것도 스티브 잡스의 아이폰에서 비롯되었다고 할 수 있다. 아이폰이라는 스마트폰이 출시되기 전 2007년 구글의 시가총액은 세계 70위였는데 2017년에는 2위로 드라마틱한 성장을 했다. 그 뒤로 페이스북, 아마존, 알리바바, 텐센트가 10위권에 올랐다.

글로벌 IT기업은 아이폰이 주도한 모바일 혁명에서 확보한 자본력을 밑천삼아 인공지능, 무인 자동차, 드론, 우주 프로젝트 추진 등 기술혁신을 주도하고 있다. 스티브 잡스의 위대한 업적은 세계인의 라이프스타일을 모바일 시대로 이끌었고 IT기술로 무장한 기업들은 이를 기반으로 무한 성장할 수 있었다. 4차 산업혁명은 2007년 아이폰 출시로 이미 시작되었다.

IT기술이 몰고 온 변화
전통적인 기업과 IT기반 기업의 싸움은 이미 시작되었다

IT기술을 활용해 데이터를 사업으로 연결시킨 에어비앤비와 우버가 전통적인 사업인 호텔, 택시 업계와 치열하게 경쟁하고 있다. 이제 여행객들은 대형 호텔에 가는 대신 마음에 드는 지역과 취향에 맞는 에어비앤비로 간다. 에어비앤비는 고객 취향에 따라 숙소를 선택할 수 있으며 호텔보다 더 많은 가상 객실을 제공한다. 여기서 가상이라는 말은 에어비앤비가 호텔처럼 물리적인 부동산을 소유하지 않는다는 의미다. 단지 숙박 가능한 장소와 숙박이 필요한 고객을 데이터를 통해 연결해줄 뿐이다. 우버도 마찬가지다.

이제 호텔 업계는 동종 간 경쟁이 아닌 고객의 취향을 섬세하게 만족

시킬 수 있는 에어비앤비와 경쟁하게 되었다. 택시 업계도 호텔과 상황이 다르지 않다. 이제 외국에 여행이나 출장을 가게 되면 힘들게 택시를 잡고 그나라 말로 목적지를 설명하고 도착해서 팁을 주지 않아도 된다. 우버의 앱은 이용자가 목적지에 도착하면 자동으로 결제까지 되어 편리하다.

에어비앤비와 우버는 공유경제라는 문화를 기반으로 하고 있는데 앞으로 이와 유사한 서비스는 계속해서 나올 것이다. 전통적인 기업은 전혀 예상하지 못한 경쟁자의 출현으로 인해 시장 잠식을 걱정할 수밖에 없는 처지가 되었다.

클라우드, 사물인터넷, 빅데이터, 인공지능이 주도할 미래

4차 산업혁명의 기반이 되는 기술은 크게 클라우드, 사물인터넷, 빅데이터, 인공지능으로 나뉜다. 앞으로 이 네 가지 기술이 '지능의 시대'를 이끌어갈 것이다.

사물인터넷은 모든 사물들이 인터넷 주소를 통해 연결되고 사물의 상태를 인터넷을 통해 실시간으로 파악할 수 있다. 우리가 사용하는 가전인 TV와 냉장고, 세탁기, 공기청정기 등에 인터넷 주소를 심어 스마트폰으로 집에 있는 공기청정기의 상태를 알 수 있고, CCTV를 통해서 집안 상태도 확인할 수 있다. 앞으로 더욱 많은 사물들을 연결하게 되면 거주인의 라이프사이클에 따라 스스로 식료품 주문을 하거나 세탁을 하고 청소를 하는 사물의 지능화가 확산될 것이다. 사물인터넷은 사회 안전망, 교통, 자연재해, 약자배려독거노인·유아 케어 등 국가 서비스를 획기적으로 개선시킬 수 있는 기술이다.

클라우드는 컴퓨터에 저장된 사진과 자료를 안전한 곳에 저장해서 사용할 수 있는 기반을 제공한다. 실제 많은 곳에서 클라우드를 활용하고 있다. 클라우드의 장점은 필요할 때 원격으로 컴퓨터 자원컴퓨터, 저장소, 소프트웨어을 사용하고, 필요가 없는 경우 반환하여 일시적으로 컴퓨터 자원을 활용할 수 있다는 점이다. 이를 통해서 비용을 절감할 수 있고 특히 새로운 서비스를 개발하는 경우 처음부터 컴퓨터 자원을 구입하지 않고도 자원을 일시적으로 필요한 만큼 사용할 수 있어 사업을 바로 시작할 수 있다. 자본력이 없는 스타트업에게 특히 유리한 기술이다.

애니메이션 '겨울왕국'에서 엘사 공주가 '렛잇고' 노래를 부를 때 눈이 내리고 머리카락이 바람에 날리고 입김이 나오는 영상은 컴퓨터 그래픽CG이 만들어낸 영상이다. 엘사 공주가 실제 사람처럼 자연스럽게 움직이는 데 4,000대의 컴퓨터가 사용되었다. 실제 CG 작업을 한 기간은 6개월이었는데 6개월 사용을 위해 컴퓨터 4,000대를 구입하는 것은 대단한 비용 낭비다. 이때 클라우드는 비용을 절감하는 데 큰 도움이된다.

《소유의 종말》이라는 책을 쓴 제러미 리프킨은 인터넷으로 연결되어 소통하는 네트워크 사회에서 경제활동의 관심은 '재화의 소유'가 아닌 '경험의 소비'로 대체될 거라고 예측한 바 있다. 이제는 '소유의 시대'에서 '접속의 시대'로 변화하고 있다. 내가 반드시 모든 것을 가지고 있어야 한다는 생각은 바뀌어야 한다. 내가 꼭 가지고 있어야 할 것과 필요할 때 접속해서 사용할 대상을 구분해야 한다. 우리는 인터넷으로 연결된 클라우드 시스템에 언제든지 접속해서 컴퓨터 자원을 사용할 수 있다. 하드웨어와 소프트웨어 자산이 소유에서 접속의 시대로 이동하고 있다.

빅데이터는 디지털 환경에서 생성되는 데이터로 그 규모가 방대하고 생성 주기는 짧다. 수치 데이터뿐 아니라 문자와 영상 데이터를 포함하는 대규모 데이터다. 빅데이터라는 용어는 스마트폰의 확산과도 밀접한 관계가 있다. 페이스북, 트위터, 유튜브 등 SNS의 폭발적인 사용이 빅데이터를 만들어냈다. 여기에 사물인터넷의 도입으로 사물로부터 만들어지는 데이터까지 합쳐지면 데이터의 양과 종류는 상상을 초월한다. 빅데이터의 장점은 모여진 데이터에서 패턴^{규칙}을 뽑아 사람과 사물의 행동 패턴을 예측할 수 있다. 우리는 이를 통해 사회·자연현상을 예측하고 대비할 수 있게 된다.

인공지능은 인간의 학습능력과 추론능력, 지각능력, 자연어의 이해능력을 코딩으로 실현하는 기술이다. 알파고는 바둑에서 이기기 위해수를 어디에 둘지 결정하는 추론능력과 자가 학습이 가능하도록 코딩되어 있다. 콜센터 직원처럼 고객과 상담하는 챗봇은 사람이 말하고 쓰는 내용을 이해하여 대답할 수 있도록 코딩되어 있다. 구글의 무인자동차는 자동차가 스스로 이미지를 인식해서 사람인지 나무인지를 판단할 수 있는 영상인식을 하게 되어 있다. 클라우드, 사물인터넷, 빅데이터, 인공지능은 개별적으로 움직이지 않고 조합되어 작동한다. 현재 이네 가지 기술이 조합되고 융합되어 새로운 서비스를 만들어내고 있다.

가령 클라우드에 있는 인공지능과 사물인터넷을 결합시키면 카메라가 '지금 촬영한 것은 고양이다'라고 인식할 수 있게 된다. 메르세데스사는 자동차가 다른 제품과 연동해 사람과의 인터페이스절차를 최대한 줄이려는 기술 개발을 하고 있다. 가령 벤츠 차량과 집이 서로 정보를 주고받아 차량의 GPS위치정보로 귀가 시간을 예측하고 그에 맞추어 실내온도를 자동으로 조절하는 것이다.

GE 역시 다양한 분야에서 사물인터넷 도입을 추진하고 있는데, 여객기용 제트엔진도 그 대상 중 하나다. 비행기의 제트엔진은 매우 복잡하고 대형 기계인 데다 수많은 승객의 목숨을 담보로 하는 여객기에 사용되기 때문에 제트엔진을 안전하게 유지하기 위하여 만전을 기해야 한다. 이에 GE는 기기 안에 무수한 센서를 부착하여 이동 중에도 엔진에 관한 빅데이터를 수집·분석하고 작은 이상이 발생하면 신속히 발견하려는 기술을 개발하고 있다.

빅데이터에서 파악할 수 있는 것은 지금 발생한 오류뿐만 아니라 앞으로 발생할 수 있는 오류도 예측하여 사전에 부품 교환 등의 조치를 취할 수 있게 해 준다. 기술 주도 사회Technology Driven Society에서 클라우드, 사물인터넷, 빅데이터, 인공지능 이 네 가지는 우리가 관심을 갖고 배워야 할 핵심 기술이다. 이 네 가지 기술의 활용 수준에 따라 다가오는 미래를 주도할 수 있는 능력이 결정된다.

알파고를 만든 딥마인드의 직원은 고작 50명

딥마인드는 알파벳구글의 모회사의 자회사이자 영국의 인공지능 프로그램 개발 회사다. 창업자 데미스 하사비스는 2010년 영국 런던에서 '딥마인드 테크놀로지'라는 이름으로 회사를 설립하였고, 2014년에 구글이 4억 달러에 인수하여 현재 '딥마인드'라는 사명으로 이어져오고 있다. 딥마인드의 알파고AlphaGo는 이세돌 9단과 대국하여 대한민국에 인공지능 붐을 일으키는 데 일조했다.

구글은 왜 수익도 내지 못하는 딥마인드를 거액을 주고 사들였을까? 구글은 딥마인드의 알파고의 기술을 활용하여 자동 번역, 무인 자동차, 로봇, 의료생명과학, 얼굴인식까지 영역을 확장하여 인공지능 플랫폼을 구축하려는 전략을 갖고 있다.

아마존, IBM, 마이크로소프트, 애플, 페이스북의 인공지능 경쟁은 한층 치열해지고 있다. 앞서 말한 글로벌 대형 IT기업은 물론 GE, 지멘스, 보잉, 벤츠와 같은 세계적인 제조업 기업까지 자신들의 서비스와 제품에 인공지능의 기술을 접목해 새로운 판을 짜고 있다.

딥마인드는 직원 수가 50명인 회사다. 회사의 가치가 4천억 원이 넘는 회사의 직원 수가 고작 50명이란 말이다. 이처럼 고도화된 기술 중심의 회사가 많아질수록 기술 실업은 늘어날 수밖에 없다.

필자는 이세돌 9단과 알파고 대국 전에 바둑 경기를 본적이 없다. 사실 바둑을 몰랐다. 체스와 다르게 바둑의 경우의 수는 무한대에 가깝다. 하지만 알파고는 정책망과 가치망을 활용해서 이길 수 있는 확률에 따라 바둑을 두었다. 필자는 이세돌이 마지막 5국에서 꼭 이기기를 응원했다. 초읽기에 몰린 알파고가 정확히 34초마다 돌을 놓은 모습을 보고 좀 기다리면 4국 때처럼 'AlpaGo resigns'패배선언이라는 메시지를 볼 수 있을 거라 기대했지만 볼 수 없었다.

구글은 이세돌의 대국을 통해 엄청나게 기업 홍보를 할 수 있었고 자신감을 얻었다. 이세돌 9단 역시 얻은 것도 있지만 상업적으로 본다면 받은 돈이 적어 아쉬움이 남는다.

인공지능을 선도하는 또다른 기업은 왓슨이라는 인공지능 기술을 보유한 IBM이다. 사실 IBM의 왓슨에 비한다면 딥마인드의 알파고는 후발주자였다. 왓슨은 이미 의료, 교육, 스마트시티, 콜센터 등에 인공지능 기술을 접목해 다양한 성공을 거두었다. 인터넷에 연결되어 있다면 언제든지 쉽게 왓슨을 활용할 수 있다.

로봇이 똑똑한 공장을 만든다

아디다스는 중국과 베트남에 있던 생산 공장을 독일로 옮기고 있다. 독일 공장에서는 24시간 쉬지 않고 야근수당을 받지 않는 로봇이 신발을 만들어낸다. 다른 독일 기업들도 아디다스와 같이 제조뿐만 아니라 모든 사업 분야에 스마트 공장을 강력하게 추진하고 있다. 일명 '제조업의 귀환'이라 불리는 스마트 팩토리는 독일을 계속해서 유럽에서 가장 부유한 나라로 이끌 성장 동력이다.

독일로 생산 공장이 이전한 후 인건비가 싼 동남아시아 사람들의 일자리는 하루아침에 사라지게 되었다. 아디다스의 경쟁사인 나이키도 가만히 있지 않을 것이다. 나이키도 아디다스와 경쟁하기 위해서는 로봇 라인에서 신발을 제작할 수밖에 없다. 이처럼 한 기업의 로봇 도입은 경쟁사에 위협이 되어 제조업에서 로봇 도입은 가속화될 것이다.

맥도날드가 전세계에서 지출하는 1년 노동자 인건비는 9조 원 규모다. 맥도날드에서 노동자를 로봇으로 대체하는 경우 비용이 35조 정도든다. 매년 인건비가 9조이니 35조를 투자하면 4년 후에는 투자비용 35조를 회수할 수 있다는 계산이다. 그렇게 되면 우리가 비교적 쉽게 접근할 수 있는 일자리도 사라진다는 것이다. 인건비가 거의 제로가 된다면 맥도날드는 다른 경쟁사보다 더욱 낮은 가격으로 좋은 햄버거를 팔 수도 있다. 그렇다면 버거킹은 가만히 있을 것인가?

아마존, 로봇이 사람을 이기다

2016년 12월, 도널드 트럼프 미국 대통령 당선인은 IT업계 CEO들을 만나 미국에서 일자리를 많이 만들어달라고 당부했다. 하지만 IT업계 기업인들은 일자리를 만들어내는 데 별 관심이 없다. 그들은 더 적은 인력과 자원으로 더 많은 돈을 벌 수 있는 방법에만 관심이 있을 뿐이다.

최근 IT업계의 트렌드는 고숙련 일자리만 만들어내는 동시에 저숙련 일자리를 자동화함으로써 더 많은 사람을 쫓아내고 있다. 트럼프 당선인은 IT업계 CEO들에게 인공지능 전문가들이 아닌 미국 전체에서 보통 사람을 위한 일자리를 더 많이 만들어야 한다고 강조한 것으로 알려졌다.

IT업계가 디지털 아메리카와 아날로그 아메리카 사이에서 부의 격차를 늘리는 데 핵심적인 역할을 했다는 트럼프의 지적은 틀리지 않았다. 세계 곳곳에서 노동집약적인 매장을 운영하는 월마트는 직원 210만 명을 고용한다. 종업원 일인당 매출이 22만 달러로 상당히 고정적이다. 자동차 제조 대기업인 제너럴모터스GM는 형편이 좀 더 나은 편으로 종업원 일인당 매출이 약 70만 달러다.

그렇다면 IT 업계는 어떨까? 페이스북은 종업원 일인당 매출이 140만 달러로 GM의 2배다. 그런데 애플은 210만 달러로 월마트의 약 10배다. 그러나 미국에서 기업가치가 최고인 애플이 직접 고용하는 인력은 6만 6,000명에 불과하다. 월마트의 주식 가격은 2012년 수준에서 크게 변동이 없다. 반면 페이스북이나 애플 같은 회사는 적은 인력으로 훨씬 많은 돈을 벌어들인다. 그런 인력의 대다수는 실리콘밸리나 미국 동북부 IT벨트에만 집중돼 있다. 물론 미국의 고용 불균형 문제를 전부 IT업계 CEO들의 탓으로만 돌릴 순 없다. 미국에서 사업이 돌아가는 방식이 원래 그렇기 때문이다.

미국은 생산성과 효율성을 최상의 가치로 친다. 더 적은 자원으로 더 많은 수익을 올리는 것을 뜻한다. 90년대 후반, 미국 온라인 상거래 업체 아마존에서 중요한 실험이 진행되었다. 아마존의 핵심 경쟁력인 상품 추천 시스템은 기존엔 편집팀 직원들의 경험과 직관으로 좋은 상품을 뽑아 추천하는 식으로 운영되었다. 그런데 아마존 최고경영자인 제프 베조스는 방대한 데이터를 활용해 관련 상품을 추천해주는 알고리즘 로봇을 개발했다. 그리고는 직원과 경쟁을 시켜봤다. 결과는 로봇의 압승이었다. 로봇이 추천해줬을 때 더 많은 판매가 이루어졌다. 그리고 추천업무를 맡았던 직원들은 대량 해고되었다. 또한 드론을 이용한 무인 택배 시스템처럼 기계가 가능한 일이라면 아마존은 사람을 해고하고 기계로 대체할 준비가 돼 있다.

"노동자를 로봇으로 대체하겠다"라는 것이 아마존의 전략이다. 사람이 로봇에게 일자리를 빼앗기고 기계 취급을 받는 아마존이 월마트를 제치고 미국에서 가장 시장가치가 높은 유통기업이 되었다. 이제 아마존과 경쟁하기 위해 다른 기업도 로봇 자동화 전략을 따르지 않을 수 없게 되었다. 로봇처럼 취급받은 아마존 직원들의 신세가 가까운 우리 가족의 모습일지도 모른다.

아마존GO, 6명으로 대형마켓을 운영하다

아마존에서 '아마존GO'란 마트를 시범 오픈했다. 이 마트는 클라우드, 사물인터넷, 인공지능, 영상인식 기술을 접목해 자신이 선택한 물건을 들고 마트 밖으로 나가기만 해도 바로 결제가 되도록 전 구매과정을 자동화했다. 계산을 위해 길게 줄을 설 필요가 없다.

현재 식료품 유통업계 평균 이익률은 1.7%에 불과하나 아마존GO와 같은 시스템 도입 시 20% 이상의 수익 증가를 기대할 수 있다. 아마존GO가 확산되면 미국 내 마트 종사자와 물류, 배송 인력까지 합쳐 1,000

아마존GO

만 명 이상의 일자리가 사라질 거라고 예측하고 있다. 아마존GO의 평균 직원 수는 6명인데, 상품 진열 1명, 고객 등록 1명, 드라이버 2명, 재고정리 2명이다. 지금 대형마트 평균 직원 수는 89명이다. 앞으로 대형마트는 아마존GO의 경쟁이 될 수 없을 것이다. 아마존은 인건비를 절감해 원가를 낮추고 더 싸게 팔아서 경쟁우위를 점할 수 있고 이를 기반으로 시장을 확장할 것이다.

넷플릭스 추천 시스템, '미치 로'에서 시작되다

넷플릭스는 OTT^{Over The Top}서비스다. OTT서비스는 별도의 셋톱박스 없이 인터넷을 통해 TV를 볼 수 있는 기능이다. 미국 시장에서 지상파 이상의 영향력을 갖고 있는 수백 개의 케이블TV 채널이 인터넷과 모바일을 통한 OTT서비스로 빠른 성장세를 보이며 기존 방송사를 위협하고 있다.

OTT서비스를 선도하는 기업이 바로 넷플릭스다. 넷플릭스가 지금과 같은 사업적 위상을 확보할 수 있었던 기술은 추천 알고리즘 덕분이었다.

사용자의 취향을 정확히 파악해서 보고 싶은 영상을 추천해주는 알고리즘은 넷플릭스를 지금의 자리에 있게 해준 일등공신이다. 넷플릭스는 시청자에게 영상마다 별점을 매기게 한 뒤 평점을 기반으로 그 시청자가 선호하는 영상들 사이의 패턴을 분석해 다음에 볼 영상을 추천한다.

넷플릭스의 알고리즘은 적은 콘텐츠를 효율적으로 활용할 수 있게 해줄 뿐 아니라 광고 수익이라는 엄청난 이득도 있다. 광고주 입장에선 자신들의 타깃 소비자에게 효율적으로 도달할 수 있기 때문이다. 실제로 관심이 있는지 없는지 확실치 않은 대중을 상대로 광고비를 쏟는 것보다 넷플릭스 알고리즘대로 영상을 볼 만한 시청자에게 광고를 하는 게 훨씬 효과적일 것이다. 그래서 넷플릭스는 지금까지도 추천 알고리즘에 투자를 아끼지 않는다.

넷플릭스는 추천 알고리즘을 더 정교화하기 위해 2006년부터 추천 알고리즘 대회인 '넷플릭스 프라이즈'를 3년 동안 개최하기도 했다. 넷플릭스는 이 대회에서 추천 알고리즘의 정확도를 10% 향상시킬 수 있는 팀에 100만 달러, 우리 돈으로 10억 원이 넘는 상금을 내걸었다. 최근에는 한 발짝 더 나아가 컴퓨터가 사람처럼 생각하고 배울 수 있도록 하는 기술인 딥러닝을 도입했다.

넷플릭스의 추천시스템은 '미치 로'라는 사람에서 시작되었다. 그는 캘리포니아 마린카운티에 열 개의 지점을 낸 비디오 대여 체인 '비디오 드로이드'의 사장이었다. 그는 총 1만 3,000시간을 매장 카운터를 지키며 비디오 고르는 고객을 지켜봤다. 그러면서 무엇이 그들의 시선을 끄는지, 어떤 영화를 빌려가는지, 어떤 작품이 히트를 치는지, 이유를 내려면 테이프를 몇 번이나 되감아야 하는지를 면밀히 살폈다. 그는 고객 니즈를 꿰뚫고 비디오 대여사업에 해박한 지식을 가진, 요즘 말하는 달인이었다. 넷플릭스는 미치 로의 경험에서 패턴을 찾고 알고리즘화하여 지금의 추천 시스템으로 발전시켰다. 비디오 대여점 직원이 하던 일을 알고리즘이 대신하게 된 것이다. 넷플릭스의 추천 시스템은 인공지능 기술을 활용하여 더욱 똑똑해지고 있다.

스타벅스, 사물인터넷으로 바리스타의 경험을 축적하다

1971년에 미국 시애틀에서 문을 열어 지금은 전세계적으로 2만 개 이상의 매장을 보유한 커피 체인점 스타벅스. 단순히 맛있는 커피를 판매하는 것을 넘어서 자신의 집도, 직장도 아닌 아늑한 공간인 '서드 플레이스'를 제공하며 매장 점원의 접객과 서비스에서 좋은 평가를 얻고 있는 브랜드다. 지금은 테크놀로지 활용에도 힘을 쏟고 있다. 그중 하나가 '커피 메이커+사물인터넷'의 시도다.

최근 개장하는 스타벅스 매장 중에 '스타벅스 리저브'라는 곳이 있다. 커피콩에는 다양한 종류가 있는데 그중에는 짧은 시기에 극히 소량만 수확할 수 있는 고급 커피가 존재한다. 이와 같은 프리미엄 커피콩을 스타벅스가 엄선하여 한정된 매장에서 제공하는 것이 스타벅스 리저브다. 이 서비스에 사용되는 커피 머신 '클로버'에 사물인터넷 기술이 활용되고 있다.

스타벅스 리저브에서는 바리스타라고 불리는 전문 스태프가 커피를 내려주는데 그들이 클로버로 커피를 추출하면 그때 설정 정보수온과 로스팅 시간 등 및 기기의 작동 상황이 기록된다. 그 데이터는 통신기기를 통해 업로드되고 '클로버 넷'이라는 이름의 클라우드 서버에 모이게 된다. 클라우드 서버에서는 수집된 데이터를 분석하여 스타벅스 리저브에서 사용되는 각각의 커피콩에 가장 적합한 기기 설정값을 산출한다. 최종적으로 그 정보를 커피머신에 다운로드하여 바리스타가 바뀌어도 안정된 품질의 커피를 제공할 수 있도록 한다. 이런 과정을 통해 프리미엄 커피를 최적의 상태로 제공할 수 있게 되고 이것은 고객 만족으로 이어진다. 또한, 커피머신이 고장났는지 자동으로 파악할 수 있으므로 낮은 비용으로 최적의 상태를 유지할 수 있다.

스타벅스는 4차 산업혁명 기술을 활용하여 전 세계의 바리스타의 경험을 수집해 축적하고 있다. 이제 바리스타 없이도 최상의 커피를 만들 수 있게 되었다. 스타벅스 인공지능 로봇 바리스타가 추천하는 커피를 마실 날도 얼마 남지 않았다. 애플의 시리와 같이 스타벅스 바리스타 로봇이 인간의 생체 리듬과 출근하는 요일, 날씨 등에 따라 최고의 커피를 추천하고 주문까지 받는 일은 결코 먼 미래의 일이 아니다.

인공지능 그 진화의 시작

인공지능은 머신러닝Machine Learning과 딥러닝Deep Learning으로 구분되며 확률통계 알고리즘을 이용해서 입력된 데이터를 분석·예측하는 과정이 핵심이다.

인공지능은 정확한 결과를 예측, 분류하기 위해 알고리즘을 테스트하는데 이때 데이터가 필요하다. 이를 학습 데이터라고 한다. 예를 들면 알파고의 학습 데이터는 바둑의 기보로 3천만 건 이상을 저장하고 있다. 학습 데이터가 많을수록 예측은 정확해진다. 구글이 알파고 알고리즘을 공개해도 기보 데이터가 없으면 아무런 쓸모가 없다. 인공지능에게는 데이터가 핵심이며 데이터의 확보가 인공지능의 시작이다.

그런데 알고리즘은 계속해서 정확도가 높아진다. 계속해서 정보가 늘어남에 따라 알고리즘도 개선돼 이전보다 정밀해지고 알고리즘이 최적화되면 더 이상 사람의 개입 없이 스스로 판단하고 결정하는 일이 가능해진다.

클라우드에서 제공되는 왓슨 기능을 완구와 결합시킨 것이 '코그니토이CogniToy'다. 코그니토이는 어린아이가 안을 수 있는 크기의 플라스틱으로 만든 공룡 인형으로 마이크와 스피커 그리고 와이파이 통신 기능을 탑재하고 있다.

이 공룡에게 아이가 무언가를 얘기하면 그 음성 데이터가 인터넷을 통해 왓슨에게 전송되고 거기서 의미를 해석하여 '아이가 무슨 이야기를 하는지'를 파악한다. 그리고 그에 대한 최적의 답을 생성하고 다시 인터넷을 경유하여 코그니토이에게 답을 말하게 하면 아이가 대답을 하게 한다. 아이가 코그니토이와 계속해서 이야기를 해나가면 그 아이가 좋아하는 것이나 싫어하는 것을 파악하여 아이에게 맞추어진 콘텐츠를 제공할 수 있으며, 아이의 수준에 맞는 내용으로 대화도 가능하다.

인간vs기계, 일자리 전쟁이 시작되다

기술이 주도하는 4차 산업혁명의 양면성,
누구를 위한 자동화, 지능화인가

클라우드, 사물인터넷, 빅데이터, 인공지능 기술을 활용한 4차 산업혁명은 산업 전반에 걸쳐 기존 기계와 시스템의 자동화 범위를 고도화하는 동시에 스스로 판단·결정할 수 있는 지능화 단계까지 혁신의 수준을 한층 높이고 있다. 기계와 시스템의 지능화로 기업은 지속적인 혁신과 성장을 하게 될 것이다. 이를 기반으로 경영 효율이 높아지고 자연스럽게 수익도 늘어난다.

그런데 문제는 기업이 성장할수록 고용이 늘지 않는 기술실업이 심화된다는 것이다. 당연히 공장이 스마트화되니 사람의 개입이 없는 무인시스템으로 운영되어 결국 사람이 필요 없게 된다. 통계 데이터를 보

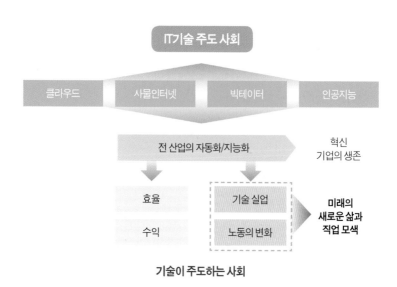

면 시스템이 자동화, 지능화가 되면 이전 대비 10분의 1로 인력이 줄어든다. 기업은 기술혁신을 하지 않을 이유가 없다. 이미 2,000대의 컴퓨터를 단 두 사람이 관리할 수 있을 정도로 자동화가 되어 있다. 이제 전통적인 교육방식으로 만들어지는 직업에 대한 개념부터 바꿔야 한다. 4차 산업혁명 시대에는 로봇으로 대체되지 않고 로봇이 할 수 없는 역량을 정의하고 개발할 방안을 찾아야 한다.

빠르게 사라지는 일자리, 우리가 해야 할 일은?

새로운 기술의 등장과 기술 혁신에 따른 사회 변화는 생활 편의성,

생산성 향상과 새로운 일자리 창출이라는 긍정적인 변화가 주를 이루었다. 그러나 4차 산업혁명에서는 생산성 향상이라는 긍정적인 측면과 더불어 일자리 감소라는 부정적 변화가 급격하게 나타날 것이다. 4차 산업혁명 기술은 직업을 가리지 않고 일의 형태가 단순·반복적인 업무와 관련된 직업은 인공지능 로봇으로 대체될 것이다.

그런데 일자리 지형 변화와 관련하여 부정적인 전망만 있는 것은 아니다. 4차 산업혁명과 관련된 기술 직군과 산업분야에서 새로운 일자리가 만들어진다는 것이다. 인공지능, 3D 프린팅, 스마트팩토리, 산업로봇과 소프트웨어 개발 분야에서 새로운 일자리가 만들어질 것이다.

새로 만들어지는 일자리에 'STEM^{Science, Technology, Engineering, Mathematics}' 분야의 지식이 대두되고 있다. 4차 산업혁명 기술을 조합하고 활용할 수 있는 역량과 함께 소프트스킬*이 미래사회에서 더욱 중요한 역량이 될 것으로 보고 있다. 인공지능 기술과 기계의 발전으로 노동력이 로봇으로 대체되더라도 창의성과 혁신성 같은 인간 고유의 능력과 영역은 자동화되지 않을 것이다.

4차 산업혁명은 '기술·산업구조'와 '고용구조'와 같이 사회 외적인 측

---

* 변화에 대한 유연성 및 다양한 기술의 활용능력 또는 조직 내 커뮤니케이션, 협상, 팀워크, 리더십 등을 활성화할 수 있는 능력을 뜻한다.

면에만 영향을 미치는 것이 아니다. '역량'이라는 사회 내적인 측면이자 인간 개개인의 특성에도 영향을 미친다.

세계경제포럼 의장 클라우스 슈바프는 4차 산업혁명의 중요한 사회적 변화로 중산층의 몰락과 불평등의 확산을 들고 있다. 이는 인간에 내재된 폭력적 성향을 부추기고 사회불안을 야기한다는 점에서 국가와 기업의 진지한 고민과 성찰이 필요하다. 4차 산업혁명이 가져올 파급력은 정치·경제·사회·문화 전반에서 맞물려 나타나기 때문이다.

4차 산업혁명 시대의 불평등은 돈이나 정보, 지식의 소유 여부가 아니다. 초연결시대에 얼마나 개방적 태도를 지녔느냐에 따라 좌우된다. 이는 성별, 연령, 계급의 차원을 뛰어넘는 불평등의 문제이며 그때문에 더욱 복잡한 양상을 띨 수 있다. 우리는 4차 산업혁명를 맞아 뜨거운 화두만 있지 실질적인 대응 방안이 구체적으로 보이지 않는다. 특히 가정이 해야 할 실행 아젠다가 없다는 것이 문제다.

4차 산업혁명 기술은 단순·반복적인 일자리를 감소시키겠지만 소프트웨어 개발, STEM 지식, 소프트 스킬을 활용한 분야의 일자리 수요는 증가할 것이다. 그럼 수요가 증가하는 일자리를 위해 우리 가정은 무엇을 준비해야 하는가? 새로운 일자리에 필요한 '역량'을 키우기 위해 우리 가정은 어떤 일을 먼저 시작해야 하는가?

로봇이 뺏어가는 우리 일자리

많은 보고서에서 20년 안에 기존 일자리 3개 중 1개가 없어지고, 전세계 8세 이하의 어린이 중 65%는 지금은 존재하지 않는 직업에 종사할 것이라 전망하고 있다.

가장 빠른 속도로 인공지능과 로봇으로 대체되는 직업은 일정한 패턴에 따라 예측 가능하며 반복적이고 순차적이며, 방대한 데이터를 분류하고 규격화된 절차에 따라 대응하는 일이다.

앞으로 진로를 설계할 때 자신이 하려는 일이 '순차적, 반복적 그리고 정형화된 패턴'을 지니고 있는지 확인해야 한다. 인공지능과 로봇 기술이 접목된 무인점포가 서비스 산업을 중심으로 확산될 것이다. 아마존GO처럼 편의점도 인건비 상승과 안전상의 이유로 순식간에 무인점포로 바뀔 것이다. 단지 시간이 문제일 뿐이다.

MIT 테크롤리지 리뷰, 로봇을 고용하라.

로봇을 고용했으니 세금을 내라, 로봇세

"로봇이 사람들의 일자리를 차지한다면 그들도 세금을 내야 한다. 로봇세로 재원을 마련해 로봇에 일자리를 빼앗긴 사람들을 교육하고 일자리 재배치와 지원에 활용해야 한다."

마이크로소프트의 설립자인 빌 게이츠가 로봇세 논란에 가세하면서 로봇세 논의가 확산되고 있다. 유럽에서 시작된 로봇세 찬반 논란이 IT업계까지 확산되는 양상이다. 그동안 로봇세에 관한 논의는 유럽의 진보주의자나 사회주의 이념의 정당을 중심으로 제기됐다.

빌 게이츠는 미 과학기술 전문 매체인 〈퀴츠〉와의 인터뷰에서 로봇이 사람의 일자리를 빼앗아갈 것이라며 최소한 자동화의 확산을 지연시키기 위해 로봇을 활용하는 기업에 세금을 매기고 사람을 고용하는 형태의 방식에 대해 재정 지원을 추진해야 한다고 주장했다. 빌 게이츠는 로봇세를 거둬들여 이 재원을 노령자를 돌보는 직업이나 학교에서 아이들과 같이 일하는 직업에 대해 재정적으로 지원할 필요성이 있다고 덧붙였다.

빌 게이츠는 저소득 근로자들을 돕기 위해 직업을 재조정할 필요가 있는데, 이를 기업에 맡기기보다는 정부가 프로그램을 만들고 감시해야 한다고 강조했다. 그는 "공장에서 5만 달러 값어치의 일을 하는 노동자들은 자신의 소득에 소득세, 사회보장세 등을 내고 있다"며 "로봇도 노동자와 동일한 일을 한다면 비슷한 수준으로 세금을 내야한다"고 지적했다. 빌 게이츠는 로봇으로 일자리를 잃은 근로자들의 재교육에도 돈이 추가적으로 들어가야 한다고 강조했다. 앞으로 공장에 자동화와 지능화 범위·수준에 따라 국세청에서 로봇세를 부과할 날도 얼마 남지 않았다.

THE FOURTH
INDUSTRIAL
REVOLUTION

CHAPTER 2

6가지 코드로
4차 산업혁명을
주도하라

지식 근로자의 위기와
새로운 계층의 부상

대니얼 핑크의 저서 《새로운 미래가 온다》에 이런 구절이 있다.

"미국의 중산층들은 자식들에게 천편일률적인 충고를 끝임없이 했다. 남부럽지 않은 부와 명예를 누리며 살기 위해서는 학교에서 열심히 공부하고, 좋은 대학에 가고, 훌륭한 전문직이 될 것을 권유했다. 그리하여 수학과 과학을 잘하는 아이들은 의사가 되었고, 언어와 역사 공부에 소질을 보인 아이들은 변호사가 되었으며, 세련된 말주변이 부족하고 성격이 차분한 아이들은 회계사가 됐다. 조금 뒤 개인용 컴퓨터가 출현하고 CEO들이 잡지 표지를 장식하게 되자 수학과 과학에 뛰어난 아이들은 하이테크 기술직을 선택했다. MBA가 성공을 향한 사다리라고 생각한 많은 학생들은 경영대학원으로 몰려들었다.”

미국의 부모처럼 한국의 부모도 별반 생각이 다르지 않을 것이다. 그런데 모든 부모들이 선호하는 지식 근로자가 주도하고 있는 시대가 위협받기 시작했다. 대니얼 핑크는 그것이 아시아의 값싼 아웃소싱과 자동화라고 말한다. 미국의 변호사·의사·회계사·엔지니어·기업 관리와 같은 주요 전문직 종사자가 하는 일을 인도 사람들이 할 경우 3분의 1 금액으로 동일한 업무 성과를 낸다. 또한 기능이 우수한 소프트웨어로 법률, 의료, 회계, 기업관리 업무를 자동화시켜 비용을 10분의 1로 절감할 수 있게 된 것이다. 대니얼 핑크는 4차 산업혁명을 언급하고 있지 않지만 더 저렴한 아웃소싱과 자동화가 지식 근로자를 위기로 몰아넣을 것이라 예측하고 있다.

4차 산업혁명 관점으로 본다면 아웃소싱과 자동화는 인공지능 로봇의 역할이다. 아웃소싱이든 자동화든 인공지능 로봇이든 4차 산업혁명 시대에는 오랫동안 누려오던 지식 근로자의 위상을 더 이상 허락하지 않는다. 대량 생산과 물질의 풍요로 사람들은 제품 구매 시 기능이 아닌 감성을 자극하고 감동을 줄 수 있는 디자인을 보고 결정한다. 이는 곧 새로운 제품이나 서비스를 기획할 때 사람들의 눈을 사로잡을 수 있는 감성과 감동을 불어넣어야 한다는 의미이기도 하다.

대니얼 핑크는 이를 위해서 6가지 역량을 강조했는데 디자인design, 스토리story, 조화symphony, 공감empathy, 유희play, 의미meaning가 그것이다. 이 6가지 역량을 가진 사람이 미래 시대를 주도하게 될 것이라고 강조한다.

산업디자이너 김영세 대표는 블루칼라와 화이트칼라의 시대는 가고 '퍼플피플'이 다음 세대를 주도할 것이라고 말한다. 퍼플피플은 일에 대한 열정이 있고 세상에 관심이 많은 사람으로서, 새로운 상상력을 디자인해서 세상과 소통하고 자신의 지식과 경험을 서비스로 제공하여 스스로 자신의 일자리를 창출하는 이들을 뜻한다.

인간만이 잘할 수 있는 일
기획은 새로운 기회를 만드는 일

학교를 졸업하고 직장에서 일하든 개인 사업을 하든 일의 시작은 기획이다. 미국과 영국은 초등학교 때부터 기업가 교육을 시킨다. 기업가 역량의 핵심은 기획력이다. 신규 사업을 하거나, 투자를 받거나, 조직혁신을 위해서는 당위성을 가지고 남을 설득해야 한다. 남들이 이전에 하지 않았고 남들과 다르고 공감대를 이끌 수 있는 이론과 사례 그리고 기대효과를 잘 설명할 수 있어야 투자를 받고 새로운 프로젝트를 진행할 수 있다.

프로젝트는 혼자 하는 것이 아니다. 여러 사람과 협력해서 공감하고 적극적인 참여를 유도해야 한다. 이때 소통, 배려와 관용이 필요하며

대상	신규사업	투자유치	조직혁신
	새로움	독특함	차이점

설득	스토리	기승전결	감성
	보여주기 / 시각화	관찰 / 분석	합의 / 공감

실행	설계	추진	협력
	디자인	시스템 / 서비스	참여 / 유도

성과	만족도	재투자	원인파악
	평가	공유	배려

기획의 구성과 프로세스

섬기는 리더십이 요구된다. 하지만 쉽지 않은 일이다. 뛰어난 기획력은 하루아침에 만들어지지 않는다. 오랜 기간 연습과 경험을 통해서 만들어지고 성숙해진다. 내 의도를 다른 사람에게 전달하고 설득하기 위해서는 '기획의 구성과 프로세스'를 이해해야 한다.

우리가 기획서를 쓰는 이유는 목표로 하는 대상을 내 편으로 만들 때나 새로운 일을 추진하기 위해서다. 예를 들면 신규 프로젝트, 투자 유치, 조직 혁신 등이다. 기획은 설득에서부터 시작된다. 결정권자들에게 새롭고, 독특하고, 이전과 다른 스토리텔링을 해야 한다. 왜 우리가 이

프로젝트를 추진하려 하고 이 일이 얼마나 타당성이 있는지를 기승전결에 따라 설득해야 한다. 평가하는 사람들이 객관적으로 파악할 수 있게 수치나 데이터를 활용해서 논리적으로 제시해야 하고 감성에도 호소해야 한다. 딱딱한 글이 아닌 상황에 맞게 사진이나 동영상을 활용해 평가자에게 PT도 해야 한다.

　프로젝트를 수주하면 이제부터 실행 단계다. 프로젝트의 목표 이미지를 공유하고 하나의 방향성을 가져가기 위해서는 끊임없이 소통하고 참여를 유도해야 한다. 정확한 목표 시스템을 만들기 위해서 디자인과 설계를 진행하며 이 과정에는 지속적인 대화와 정보의 공유가 있어야 성공적으로 프로젝트를 완료할 수 있다. 이때 프로젝트 리더의 역할이 중요하다. 프로젝트 참여자와 끊임없이 대화를 하고 해결 방안을 제시해야 한다.

　프로젝트가 완료되면 평가를 진행한다. 성공적이면 성과를 나누어 참여자를 배려해야 한다. 프로젝트가 실패했다면 원인을 파악해서 문제점을 정리해야 한다. 최종 프로젝트가 마무리되면 프로젝트 오너와 결과를 공유한다. 차기 프로젝트를 위한 재투자를 받는다면 성공적인 마무리다. 이처럼 기획의 시작과 끝에는 협력·참여·소통의 리더십이 뒤따른다.

　영화 '대부' 감독으로 유명한 프랜시스 코폴라는 "좋은 영화를 만드는 비결은 모두가 같은 영화를 작업하고 있는지 확인하는 것이다"라고 말했다. 프로젝트의 목표, 목표하는 시스템, 해야 할 목표를 모두가 이해하고 집중할 수 있는 환경을 만들어야 한다.

4차 산업혁명 시대에 필요한 6가지 코드

21세기 기업경영의 두 가지 핵심 키워드는 '혁신'과 '창의성'이다. 경기불황, 격동의 시대일수록 '혁신'의 가치는 높아진다. 기술의 발전으로 급변하는 세상을 이끌어갈 기업의 성패는 '창의성'에 달려 있다. 실례로 애플의 '아이팟'과 같은 창의적인 제품은 하드웨어인 아이팟과 소프트웨어인 디지털 음원서비스 아이튠스itunes가 만나 음반 산업과 MP3 시장 전체를 뒤집어놓았다. 하지만 누구도 따라잡을 수 없는 신기술이 아니었다. 소비자가 은연중에 느끼고 있던 '원하는 음악을 손쉽게 듣는 것'에 대한 욕구가 반영된 결과였다.

창조경영이란 누구도 떠올리지 못하는 소비자의 새로운 문제를 발견해서 이를 속시원히 해결해주는 것을 뜻한다. 21세기 기업의 성패는 그런 일을 해낼 핵심인재들을 많이 확보했는가에 달려 있다고 해도 과언은 아니다. 기업은 생존하기 위해서 '혁신'과 '창의성'을 겸비한 인재를 찾고 있다.

"창의성이 중요하다. 감수성이 새로운 경쟁력이 될 것이다." 이런 말은 우리가 숱하게 들어왔다. 그런데 비슷한 말을 질문으로 바꿔 던져보면 여전히 자신이 없다. 중요하다는 당위를 반복하느라 정작 '어떻게?' 라는 질문에 대해서는 치열한 고민을 하지 못한 것이 아닐까? 교장 선생님의 훈화에서 아무리 창의성이 중요하다고 힘주어 강조한다 한들 그말을 듣는 아이들이 창의적으로 바뀔리 만무하다. 중요한 것은 말이 아니라 보여주는 것이니 말이다. "예술은 창의성의 보고다. 음악을 들으면 감수성이 키워진다." 이 역시 우리가 늘 하던 말이다. 하지만 우리는 여전히 '어떻게'에서 막힌다. 모두가 창의성과 감수성에 관심을 가지는 시대, 우리가 하는 말과 우리가 하는 행동 사이에는 큰 간극이 있는 것이다.

4차 산업혁명 관련 방송을 볼 때 필자는 방송의 마무리 부분을 주의 깊게 본다. 4차 산업혁명을 위해서 무엇을 준비할지 저마다의 해법이 궁금해서다. 대부분 창의력과 소통을 키워야 한다고 제안한다. '어떻게?'는 여전히 빠져 있다.

필자도 딸을 키우면서 한동안 창의력을 어떻게 키워줄지 고민한 적이 있다. 필요성은 확실히 이해가 되는데 어떻게 창의적인 아이로 키울지 선뜻 방법을 찾을 수가 없었다. 인문학 강의와 세미나도 들었지만 여전히 숙제는 풀리지 않았다. 그런데 답은 그리 멀리 있지 않았다. 우리 주변에 이미 있었다. 단지 창의력을 개발하는 방법에 대해서 깊이 고민하지 않았을 뿐이다.

그동안 우리는 창의력이 중요하고 갖추어야 할 대상이라고 들었지만 창의력이 부족해도 사는 데 큰 어려움이 없었다. 하지만 4차 산업혁명 시대에서는 이런 유예기간은 사라졌다.

필자는 20년 넘게 최신 기술을 활용하여 새로운 서비스와 시스템을 기획하고 개발한 경험을 가지고 있다. 새로운 서비스와 시스템을 만들어가는 과정은 혼자가 아닌 여러 사람들과 협력으로 만들어가는 엔지니어링 과정이다. 세상을 읽는 힘, 사물에 대한 관심, 사람과 소통하고 협력하는 방법을 아는 것이 매우 중요하다. 미래를 준비하기 위한 역량을 실행 관점에서 조합Combination, 관찰Observation, 디자인Design, 코딩Coding, 연결Connect, 커뮤니케이션Communication으로 구체화시켰다. 필자는 과학기술, 예술, 영화, 건축, 스포츠, 역사, 언어, 음악, 게임 사례를 활용하여 6가지 코드의 의미와 가치, 역할 그리고 확보 방법을 설명해보고자 한다.

세상을 카피하라
그리고 조합하고 융합하라
조합에서 경쟁력을 만들다, 찰리 채플린

태초부터 새로운 것은 없다. 기존의 것을 새롭게 조합해서 낯설게 보이게 하는 능력이 창의력이다. 찰리 채플린은 중절모, 콧수염, 헐렁한 바지, 지팡이, 독특한 걸음걸이를 조합해서 자신의 캐릭터, 찰리 채플린의 모습을 창조했다.

창의성 전문가인 로버트 와이즈버그는 "대부분 창의성은 지식과 지식, 기술과 기술을 접목시켜 새로운 조합물을 만들어내

찰리 채플린

는 단순한 인지 과정이라고 정의내린다. 그런데 중요한 것은 사물 사이의 연관을 파악하고 그것을 결합하여 재창조해내는 조합능력이다'라고 말했다.

찰리 채플린의 헐렁한 바지, 중절모, 콧수염, 큼직한 구두, 지팡이, 오리걸음, 하나하나를 뜯어보면 사실 대단히 새로울 것은 없다. 하지만 그것들을 조합해내자 '채플린'이라는 희대의 캐릭터가 탄생한 것이다. 별 볼일 없는 것들을 조합시켜 채플린이라는 전설적인 캐릭터를 창조했다. 우리가 그동안 어렵고 추상적으로 생각했던 개념적인 창의력 개발은 조합에서 시작된다. 우리도 찰리 채플린처럼 행동으로 옮겨보자.

잡스이기 때문에 그렇게 할 수 있었다

《스티브 잡스 무한 혁신의 비밀》이라는 책에서 저자 카민 갤로는 "잡스는 새로운 것을 만들어내지 않았다. 단지 서로 다른 사물과 현상을 연결했을 뿐이다. 잡스가 없었어도 다른 누군가 아이폰을 만들었을 것이다"라고 말했다.

하지만 스티브 잡스는 만들어냈다. 남들이 하지 않은 일을 제일 먼저 해서 세상을 선도했고 애플은 지금도 성장하고 있다. 1976년 스티브 잡스가 애플II를 출시하면서 그는 컴퓨터 시장의 글로벌 아이콘으로 떠올랐다. 대량소비 시대를 염두에 두고 우리가 매일 사용하지만 친근하고

퀴진아트 믹서

매킨토시

우아한 컴퓨터를 만들고 싶어 했던 그의 결과물이다.

그의 획기적인 디자인 아이디어는 백화점에서 파는 주방용품 퀴진아트 믹서에서 컨셉을 얻었다. 매킨토시의 형태는 이 믹서로부터 시작되었다. 피카소가 말한 "유능한 예술가는 모방하고 위대한 예술가는 훔친다Good artist copy. Great artist steal"라는 말을 스티브 잡스 또한 인용했다.

"인류가 지금까지 만들어 놓은 것들 중에서 최고의 것을 발견해내고, 그것을 자신이 하고 있는 일에 접목시킬 줄 아는 지혜가 필요하다. 우리는 훌륭한 아이디어를 훔치는 일에 더욱 과감해져야 한다. 매킨토시가 성공할 수 있었던 가장 큰 이유는 음악가, 화가, 시인, 동물학자, 역사가가 함께 참여했기 때문이다."

다양한 지혜를 모아 창의적인 아이디어를 완성했다는 것이다. 역사의 산물인 예술과 인류를 이해하는 인문학은 스티브 잡스에게 보이지 않는 창의력을 전해주었다. 결국 스티브 잡스의 창의력은 다양한 아이디어를 조합하는 방식, 즉 조합 능력에서 나온 것이다. 로봇 박사 데니스 홍 교수는 "창의력은 무에서 유를 창조하는 것이 아닌 관계없는 것들을 연결시키는 능력이다"라고 말했다. 조합은 곧 새로운 창조물을 만들어낸다. 아이폰은 갑자기 나온 것이 아니라 매킨토시를 만들었던 경험에서 시작되었다.

'대탈주'에서 '치킨런'으로 '심슨가족'에서 '미니언즈'로

'대탈주'

'대탈주'의 하이라이트 장면

'치킨런'

'치킨런'의 '대탈주' 오마주 장면

영화 '대탈주'는 실화를 바탕으로 한 폴 브리크힐의 소설에 기초한 탈출 영화의 대표작이다. 2차 세계대전 시기, 어느 독일 포로수용소에 수없이 탈출을 시도했던 연합군 포로들이 수용된다. 이들은 100미터 정도의 땅굴을 파고 70여 명이 수용소 밖으로 빠져나오는 데 성공하지만 소수의 인원만이 탈출에 성공하고 50여 명은 붙잡혀 사살되었으며 그 나머지도 대부분 다시 잡혀 들어오고 만다.

이 영화의 하이라이트는 주연 배우 스티브 맥퀸이 감독의 만류에도 불구하고 직접 감행한 모터사이클 장면이다.

그런데 애니메이션 '치킨런'의 스토리는 대탈주와 비슷하다. 실제 '치킨런'은 '대탈주'를 모티프로 만들었다. 비슷하지만 또 다른 새로운 느낌과 즐거움을 준다. 특히 스티브 맥퀸이 모터사이클을 타고 철조망을 넘는 장면과 슈퍼 치킨 록키가 자전거를 타고 철조망을 넘는 장면은 낯설고 색다른 감동을 준다.

미니언즈의 인기는 식을 줄을

치킨런, 심슨가족, 미니언즈

모른다. 미니언즈의 탄생 배경은 치킨런과 심슨가족에 있다. 미니언즈는 치킨런과 심슨가족 캐릭터에서 컨셉을 잡아서 만들었다. 치킨런의 눈, 심슨가족의 노란색 그리고 호머 심슨의 이미지를 본다면 미니언즈 캐릭터의 유래를 어렵지 않게 찾을 수 있다. 이 세상에 태초부터 새로운 것은 없다. 대탈주에서 치킨런이 나오고 치킨런과 심슨가족에서 미니언즈가 나왔다. 미니언즈 다음에 어떤 캐릭터가 나올까? 이처럼 조합은 인류의 유산을 살아 움직이게 하고 다음 세대에서 새로운 것을 만들 수 있는 동력이 된다.

점묘법에서 말풍선으로, 로이 리히텐슈타인

로이 리히텐슈타인은 미국의 대표적인 팝아트 미술가다. 만화의 한

점묘법

로이 리히텐슈타인, 행복한 눈물

장면을 캔버스로 옮긴 작품으로 유명하다. 리히텐슈타인의 작품은 벤데이도트Ben-day dots 기법을 활용하여 만화도 예술이 될 수 있다는 기발한 발상으로 시작되었다.

1960년대의 컬러 만화들은 벤데이도트라는 인쇄술을 사용했다. 조르주 쇠라의 점묘법과 같은 원리를 따른 것으로, 일정한 간격을 두고 흰색 표면 위에 색점을 찍는 방식이다.

사람의 눈은 주변의 빛을 인식하는 동시에 이와 맞닿아 있는 다른 색점들을 뒤섞어 받아들인다. 리히텐슈타인은 이 원리를 따라하는 과정에서 자신의 트레이드마크라 할 수 있는 스타일을 발견하게 된다. 그는 대량 생산, 대량 소비가 주류인 당시 시대적 상황을 담담하고 냉철한 시각으로 받아들이고 어떠한 주관도 들어가지 않은 컨셉으로 작품을 제작했다.

리히텐슈타인은 왜 하필 만화였을까? 그의 두 아이들이 아이디어의 제공자였다. 아이들은 만화를 미치도록 좋아했다. 리히텐슈타인이 두 아이들을 즐겁게 해주려고 미키마우스를 작게 그려주자 환호성을 지르며 좋아했다. 그림에 표현된 만화 이미지에 기뻐서 어쩔 줄 모르는 아이들을 보면서 리히텐슈타인은 만화가 미국인들에게 얼마나 커다란 영향을 미치는지 깨달았다. 리히텐슈타인은 점묘법을 응용한 벤데이 도트뿐만 아니라 만화의 말풍선을 자신의 그림에 활용하였다.

이처럼 창조적 아이디어는 기존의 것을 조합해서 새로운 것을 만들어내는, 단순하지만 낯설게 만들어내는 능력이다. 로이 리히텐슈타인는 사물에 지속적으로 관심을 갖고 관찰을 통해 뽑은 단편을 조합해 새로운 장르를 만드는 데 성공했다.

모딜리아니, 아모르고스 우상의 두상에서 아이덴티티를 찾다

모딜리아니는 1884년 이태리 토스카나주 리보르노에 살던 유대인 가정에서 태어났다. 그의 어머니 에우제니아는 철학자 스피노자의 혈통을 이어받은 마르세유의 명문가 출신으로 높은 지성과 교양을 갖추고 있었다. 모딜리아니가 태어났을 당시 아버지의 사업 실패로 집안은 어려웠지만 에우제니아는 어린 시절부터 그림에 대한 재능을 보인 아들을 위해 유명한 화가의 화실에 데려가기도 했다.

세잔의 영향을 받은 모딜리아니는 죽어서 별이 된 전설적인 미술가의 전형이다. 미술계에 전설을 만든 미술가는 여럿이 있지만 모딜리아

아모르고스에서 출토된 우상의 두상

모딜리아니의 작품,
Portrait of the Artist's wife Jeanne Hebuterne

니처럼 신화가 된 화가는 드물다. 그는 순수 미술가로는 드물게 대중적인 인기가 높다.

모딜리아니만의 독특한 화풍은 원시시대와 당시 조각에서 받은 영감에서 비롯되었다. 급속한 기계 문명에 염증을 느꼈던 모딜리아니는 소박한 형태의 원시 조각이 세련되고 기교를 부린 현대미술보다 순수한 미적 가치를 보여주고 있다고 생각했다. 특히 그리스의 섬 아모르고스에서 출토된 조각상은 그에게 미술의 의미를 새롭게 되새기는 기회를 제공했다. 조각상은 코만 표현되었을 뿐 눈과 입은 생략됐다. 모딜리아니는 이목구비를 자세히 표현하지 않은 것이 오히려 강렬한 감정을 불러일으킨다는 점을 깨달았다. 그는 원시 조각의 단순미를 응용해서 간결하면서도 윤곽선이 돋보이는 자신만의 화풍을 창안했다.

훌륭한 예술가는 모방하고 위대한 예술가는 훔친다, 피카소

피카소는 입체파의 대표 작가이며 그의 천재성은 20세기 미술을 지배했다. 레오나르도 다 빈치와 미켈란젤로와 같은 대선배들의 계보를 잇는 천부적인 재능을 지녔던 피카소는 기교, 독창성, 해학이라는 측면에서 한계가 없었다. 피카소는 마치 카멜레온처럼 양식과 매체를 가리지 않고 많은 작품들을 만들었는데 그의 작품들은 언제나 독창적이었고 때로는 도발적이기까지 했다.

아프리카 원주민 가면

거트루드 스타인의 초상

피카소가 미국의 여성 작가 거트루드 스타인의 초상화 작업을 하던 중에 홀연히 사라진 일이 있었다. 그러다 얼마 후 다시 돌아와서 가면과 같은 거투루드 스타인의 초상화를 완성했다. 그런데 피카소가 그린 가면과도 같은 초상화는 실

아비뇽의 처녀들

제 아프리카 이베리아 원주민 가면에서 컨셉을 따온 것이었다. 갑자기 사라진 피카소는 새로운 그 무엇을 찾으러 아프리카로 떠났던 것이다. 피카소는 거트루드 스타인 얼굴에 이베리아 원주민 가면을 녹여냈다. 아프리카 이베리아 원주민의 문화유산이 거트루드 스타인의 초상에 담겼다.

이처럼 피카소는 오랜 시간 끊임없이 고민하고 새로운 모습을 파악하려는 노력을 그치지 않았다. 그렇게 최후에 드러낸 작품은 이 세상에 존재하지 않은 새로움으로 나타났다. 거트루드 스타인의 초상화는 '아비뇽의 처녀들'을 예고한 걸작으로 꼽힌다.

누구도 생각하지 못한 것을 창조한다는 것은 자신의 예술과 시대에 대한 통찰 없이는 불가능하다. 피카소가 스티브 잡스에게 영감을 주었듯이 인류의 유산은 세대를 거치고 사람과 관계를 맺으면서 유전된다.

레오나르도 다빈치의 모나리자　　　페르난도 보테로, 12세의 모나리자

나는 뚱보를 그린 것이 아니다, 페르난도 보테로

　페르난도 보테로는 콜롬비아의 화가이자 조각가다. 가난 때문에 미술교육을 받을 수 없었던 보테로는 투우사 양성학교에 입학했지만 이내 화가가 되었다. 어쩌면 보테로가 화가가 된 것은 숙명이었다. 그가 그린 부풀려진 인물화와 독특한 양감이 드러나는 정물 등은 작가 특유의 유머감각과 남미의 정서를 표현한다는 평가를 받고 있다.

　보테로는 과장된 인체 비례와 뚱뚱한 모습으로 묘사된 인물화로 유명하며 모나리자를 패러디한 뚱뚱한 모나리자 그림은 그의 대표 작품이다. 그는 라틴아메리카 대중문화에서 뚱뚱함이 관능미과 함께 삶의 여유를 상징하는 미학임을 알고 있었고, 이를 바탕으로 위트가 넘치고 미소가 떠오르는 작품을 만들어냈다.

보테로의 작품을 보면 터질 듯한 형태의 풍만함을 느끼게 되는데, 이는 르네상스 화가들에게 배운 것으로 볼륨을 강조하는 것이다. 그는 루벤스, 벨라스케스, 고야와 같은 대가의 작품을 패러디했는데, 주제를 변형시키고 필요한 요소들만 선택하는 등 다양한 접근 방식을 보여주었다. 보테로식 패러디 혹은 고전주의 이미지 차용은 전통적인 양식을 적극적으로 드러내는 것이며, 결과적으로 신 양식과 구 양식의 조합을 통해 미술 세계의 다양함을 보여주고 있다.

왜 늘 뚱보를 그리느냐는 질문에 보테로는 이렇게 답한다.

"나는 뚱보를 그린 것이 아니다. 아무도 나만큼 타인의 영향을 받아들인 사람은 없다. 나는 전 세계적으로 관심이 가는 화가들의 그림을 찾아다녔으며 흥미가 끝나갈 무렵 나는 나만의 독자적인 그림을 그렸다."

우리가 보는 뚱뚱함의 선입견이 보테로의 독창적인 화풍과 대비되면서 세상에 없던 새로움을 선사했다. 이것이 보는 이로 하여금 또 다른 예술적 가치와 즐거움을 이끌어낸다.

건축설계의 원천은 자연이다, 안토니 가우디

안토니 가우디는 스페인 카탈루냐 지역의 건축가이며 바르셀로나를 대표하는 예술가이다. 그의 대표작은 공동주택의 새로운 모델을 제시한 카사밀라와 자연 친화적인 구엘공원, 빛의 질서를 보여준 구엘저택 그리고 사그라다 파밀리아 성당이 있다.

가우디는 당시 카탈루냐 건축을 주도했던 고전주의 건축 사조에서 벗어나 나무, 하늘, 구름, 바람, 식물, 곤충 등 자연을 관찰했고, 그런 형태들의 건축적 가능성에 관하여 진지하게 고민했다. 그 결과 그의 건축물은 기하학적인 형태들 외에도 곡선이 많이 사용되었고 내부 장식과 색, 빛이 조화를 이룬 건물들을 건축했다.

가우디는 1869년 건축가의 꿈을 이루기 위해 그의 형 프란세스크와 함께 고향인 레우스를 떠나 바르셀로나로 향한다. 이후 그는 엄격한 학문 수행을 요구하던 바로셀로나 건축학교에서 건축가가 되기 위한 전문적인 교육을 받게 된다. 가우디는 모범생은 아니었다. 그는 고전주의에 관심이 없었지만 당시 건축대학에서 이루어지던 교육은 모두 고전주의를 바탕으로 하였다. 개교한 지 얼마 되지 않았던 바르셀로나 건축학교도 예외는 아니었다.

학생 가우디는 강의실보다 도서관에서 더 많은 시간을 보냈다. 그가 다녔던 건축학교의 다른 동기들과 달리 그는 부르주아 계층 출신이 아니었기 때문에 학업과 동시에 주셉 폰세레, 마르토텔과 같은 당대의 유명한 건축가들의 조수로 일하며 관련 업무를 배우고 일정한 급여를 받았다. 덕분에 가우디는 숙련된 훌륭한 장인들과 일찍부터 관계를 맺을 수 있었다.

"모든 것은 자연이라는 한 권의 위대한 책으로부터 나온다. 인간의 작품은 이미 완성된 책이다. 직선은 인간의 선이고, 곡선은 신의 선이다. 독창적이라는 말은 자연의 근원으로 돌아가는 것을 뜻한다"라는 가우디의 말처럼 그는 자연에서 자신만의 독창적인 설계 방식을 찾아냈다. 그의 건축물은 한편의 아름다운 경치를 보는 듯한 감동을 준다.

나는 자연으로부터 만들어졌다. 다스베이더

'스타워즈' 시리즈의 감독 조지 루카스는 바르셀로나 여행 중에 카사 밀라의 굴뚝을 보고 영감을 받아 하나의 캐릭터를 탄생시킨다. 바로 스타워즈에서 가장 인기 있는 악역 다스베이더다. 마그리트의 작품이 애니메이션의 대가 미야자키 하야오 감독에게 큰 영감을 주었듯 가우디가 만든 카사밀라의 굴뚝이 조지 루카스의 창의력을 꿈틀거리게 한

카사밀라의 굴뚝

다스베이더

로메로 브리토의 다스베이더

것이다.

이것이 우리가 과거의 예술을 알고 이해해야 하는 이유 중 하나다. 세상의 모든 예술은 재해석되는 과정 속에서 새로운 의미를 만들어낸다. 피카소 역시 현대미술은 과거 원시시대의 미술에 비해 발전한 것이 없다고 말하며 과거의 예술을 되짚는 작업이 왜 중요한지 강조했다. 과거의 예술을 이해하고 자기만의 방식으로 해석하는 사람은 새로운 문화를 만들어내는 훌륭한 창조자가 될 가능성이 높다는 것이다.

브라질의 팝 아티스트 로메로 브리토는 '스타워즈'의 다스베이더를 톡톡 튀는 색감으로 재해석해 또다른 다스베이더를 탄생시켰다. 가우디에서 시작된 영감의 씨앗이 새로운 꽃들을 피운 셈이다. 자연에서 출발한 가우디의 건축은 '스타워즈'의 다스베이더로 연결되고 다시 로메로 브리토의 다스베이더로 연결되었다. "모든 것이 자연이라는 한 권의 위대한 책으로부터 나온다"라는 가우디의 말처럼, 다스베이더는 자연에서 만들어졌고 다시 팝아트로 탄생했다.

다스베이더의 라이벌인 요다는 아인슈타인으로부터 만들어졌다. 요

아인슈타인   스타워즈의 요다

다의 컨셉을 잡는 데 아인슈타인이 활용된 이유는 이론물리학의 업적과 천재성 그리고 위대함 때문이다. 이처럼 새로운 사물의 탄생은 원인과 계기가 존재한다. 아인슈타인의 위대함은 영화 캐릭터로 여전히 우리 곁에 살아 숨쉰다.

영화는 컨셉 디자인에서 시작된다

할리우드에는 컨셉 디자이너라는 직업이 있는데 좋은 대우를 받는다. 컨셉 디자인이란 클라이언트의 상상력을 시각적으로 구현하여 영화의 비주얼 가이드라인부터 색감, 분위기, 조명 그리고 톤을 제시하는 일이다. 영화 작업에서는 감독의 생각을 시각화해서 영화 컨셉을 구체화할 수 있도록 돕는다. 할리우드 유명 컨셉 디자이너인 스티브 정에게 들은 유명한 일화가 있다.

영화 '배틀쉽'에서 우주인이 사용하는 배터리 디자인 작업을 전직 페라리 수석디자이너가 맡았는데 그는 몇 달 동안 아무것도 그리지 못했다. 촬영 날은 점점 다가오고 감독은 더 이상 기다릴 수 없어서 다급하게 스티브 정에게 작업을 의뢰하였다. 스티브 정은 일주일 만에 우주인이 사용하는 배터리를 디자인해서 무사히 촬영할 수 있었다고 한다.

스티브 정이 말하는 컨셉 디자인의 비밀은 다음과 같다. 새롭게 컨셉을 잡아야 할 때 만들고자 하는 대상의 가장 디자인이 잘된 것을 찾아서 낯선 모습으로 새롭게 디자인하는 것이다. 즉 처음부터 새롭게 만드는 것이 아니라 가장 잘 만들어진 것에 가치를 더하고 새롭게 재정의한다는 것이다.

인류가 축적한 지식과 유산은 시대에 따라 때론 낯설고 새롭게 다가온다. 컨셉 디자이너로서 갖추어야 할 자질은 디자인, 원근법, 구성력이 있어야 하며 문제 해결 능력, 사물에 대한 새로운 접근 방식, 트렌드 이해와 관찰력이 있어야 한다. 또한 열린 사고방식과 집중력, 커뮤니케이션 능력이 요구된다. 스티브 정은 매주 다큐멘터리 영상을 2편 이상 본다고 한다. 다큐멘터리에서 자연, 과학, 기술, 역사 등 사실에 기반한 다양한 분야를 볼 수 있고 이를 통해서 컨셉 디자인 아이디어를 구체화시키고 스케치한다는 것이다.

심슨, 뭉크를 만나다

절규는 노르웨이의 예술가 에드바르트 뭉크의 그림으로 핏빛 하늘을 배경으로 괴로워하는 인물을 묘사한다. 그림의 배경이 된 곳은 노르웨이 오슬로의 이케베르크 언덕에서 보이는 오슬로 피오르다.

"친구 둘과 함께 길을 걸어가고 있었다. 해질녘이었고 나는 약간의 우울함을 느꼈다. 그때 갑자기 하늘이 핏빛으로 물들기 시작했다. 그 자리에 멈춰선 나는 죽을 것만 같은 피로감으로 난간에 기댔다. 그리고 핏빛 하늘에 걸친 불타는 듯한 구름과 암청색 도시와 피오르드에 걸린 칼을 보았다. 내 친구들은 계속 걸어갔고, 나는 그 자리에 서서 두려움으로 떨고 있었다. 그때 자연을 관통하는 그치지 않는 커다란 비명 소

뭉크의 절규

호머 심슨의 절규

리를 들었다."

뭉크가 1892년 1월에 남긴 이 글은 매우 유명하다. 뭉크는 절망적인 심리 상태를 역동적으로 움직이는 붉은 구름으로 나타내었으며, 화면 하단에서 비명을 지르고 있는 인물은 마치 유령과 같은 모습을 띠고 있는데, 뭉크는 깊은 좌절에 빠진 사람을 극적으로 표현하기 위해 배경을 이와 같은 형태로 왜곡해 작품으로 풀어냈다.

뭉크의 절규는 미국의 애니메이션 '심슨가족'의 호머 심슨도 '절규'하게 했다. 심슨가족이라는 캐릭터로 뭉크의 절규를 21세기로 끌어왔다. 호머 심슨의 절규 이후 또 누구를 절규시킬지 궁금하다.

토끼가 해적이 되다

사이코버니는 랄프로렌 디자이너 출신인 로버트 고드리가 2005년

해적 깃발   사이코버니 로고

뉴욕에서 론칭한 브랜드로, 론칭과 동시에 뉴욕의 고급 백화점인 바니스에 입점되어 큰 이슈가 되었다. 넥타이 디자이너 출신인 로버트는 영국에서 태어나 이탈리아에서 패션을 공부하고 뉴욕에서 자신의 브랜드를 성공적으로 론칭하였다.

그의 디자인 컨셉은 전통적인 디자인에 모던한 기능성과 반항적 정신을 가미하고 있다. 메인 로고는 해적과 토끼라는 정반대의 요소를 가진 심벌로 누구나 내면에 갖고 있는 순수함과 동시에 모험심을 의미한다. 해적은 모험심과 자유의 상징으로 위험을 두려워하지 않는 모습을 의미한다고 한다. 옛날부터 행운의 상징으로도 사랑받아온 토끼는 항

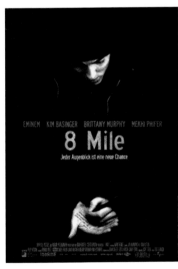

영화 '8마일'

애니메이션 '8 드림쏭'

상 무리지어 생존해온 사회적인 동물이다. 큰 귀로 늘 주의를 신경쓰며 위험이 닥칠 때는 긴 뒷다리로 점프를 해서 어려움을 헤쳐나간다. 로버트 고드리는 흔한 캐릭터인 토끼를 재해석하고 해적 깃발과 조합해서 사이코버니라는 브랜드를 만들었다.

세계적인 래퍼 에미넴의 자전적 영화 '8마일' 포스터에 애니메이션 '드림쏭'의 주인공 버디 캐릭터를 조합하면 '8드림쏭'이 만들어진다. 자신이 좋아하는 대상을 재정의하고 새로운 것을 조합하는 과정이 창의적인 활동이다. 이런 창의적인 활동을 통해서 명작에서부터 소소한 것까지 교감하고 활용하는 행동이 창의력을 키우는 과정이다.

세상의 평범한 것을 예술로 만든 앤디 워홀

팝아트는 소비사회와 대중문화의 이미저리imagery, 형상화 기술을 활용했던 20세기 예술운동이다. 이 운동은 순수예술은 '좋은' 취향으로, 상업예술은 '나쁜' 취향이라고 구분짓던 경계선을 허물었다.

추상표현주의가 주류를 이루고 있을 때의 예술계는 "미술을 포함해 예술은 고상하고 심각한 것으로 인간의 삶에 대한 진지한 고민이 담겨 있어야 한다"는 생각이 지배적이었다. 그렇게 때문에 당연히 높은 수준의 지성을 표현하는 방식을 취해야만 했다. 그러다 보니 대중의 삶과는 거리가 먼 것이 예술의 소재와 주제가 되었다. 이에 반해 팝아트는 광

앤디 워홀, 마릴린 먼로   캠벨 수프

고, 영화배우, 돈, 자동차, 싸구려 음식, 수프 캔 등 일상에서 영감을 얻었기 때문에 민주적인 예술로 평가받는다.

앤디 워홀은 순수예술과 상업예술의 경계를 허문 혁신적인 팝아티스트다. 고상한 창작물만 예술로 평가하던 시대의 통념을 순식간에 비틀어버렸다. 워홀은 일상에서 흔히 볼 수 있고 이미 만들어진 대중적인 사물을 자신만의 예술 작품으로 재창조했다. 누구나 마시는 코카콜라를 예술 작품으로 만든 앤디 워홀. 그로 인해 예술의 영역은 확장되었고 예술을 향유하는 사람들 역시 다양해졌다.

워홀이 사람들이 즐겨 먹는 수프 통조림 중에서도 캠벨사의 수프 통조림을 선택한 이유는 캠벨 수프 통조림이 가장 대중적이기 때문이었다.

21세기를 주도하는 가장 핵심적인 가치가 '다양성'과 '융합'이라면 워홀의 작품은 그 두 가지가 온전히 살아 움직이는 세계라고 할 수 있다. 그는 자신이 살고 있는 자본주의 시대에 걸맞게 예술과 비즈니스를 적극적으로 조합했다. 서로 다른 영역을 조합할 수 있는 상상력이 창조적 에너지의 원천이었다.

워홀이 팝 아티스트로 성공할 수 있었던 동력은 그의 어머니였다. 어머니의 헌신적인 지원과 사랑이 없었다면 그의 성공은 불가능했을 것이다. 체코슬로바키아에서 이민온 아버지는 광산에서 막노동을 했는데 생활이 늘 빠듯했다. 하지만 워홀의 어머니는 아들이 좋아하는 만화와 영화를 볼 수 있게 필름 프로젝터를 사주었고 아들이 아홉 살이 되자 카메라를 사주어 사진에 관심을 갖게 했으며, 집 지하실에 암실까지 만들어주었다. 1930년대 필름 프로젝터와 카메라를 가지고 놀았다는 것은 정말 놀라운 일이다.

어려서부터 사진을 찍은 경험으로 청록색 마릴린 먼로¹⁹⁶⁴가 탄생할 수 있었다. 청록색 마릴린 먼로는 감정가가 천억 원이 넘는다. 어머니에게 받은 사랑으로 워홀은 큰 명성을 얻은 후에도 자신의 조수를 함부로 대하지 않았으며 배려하고 존중하는 태도로 임했다. 워홀의 창의적인 마인드와 상대방에 배려와 존경은 어머니로부터 만들어진 것이다.

요제프 보이스, 창의력은 아이디어를 실행할 능력이다

요제프 보이스는 독일의 예술가다. 조각, 드로잉, 설치 미술, 행위 예술 등 다양한 작품 활동을 하였고 교육가, 정치가로도 활동하였다. "모든 사람은 예술가다"라고 주장한 그는 '사회 조각'이라는 확장된 예술 개념을 통해 사회의 치유와 변화를 꿈꾸었다.

요제프 보이스는 창의력을 근육으로 비유해 설명한다. 창의력은 아이디어를 생각해내는 능력일 뿐 아니라 그 아이디어를 실행할 수 있는 용기라고 말한다. 창의력은 실패에 대한 두려움이 아닌 남들로부터 평가받을 것에 대한 두려움이기도 하다. 창의력은 아이디어를 생각하는 것만큼 그 아이디어를 실행할 수 있는 능력이라고 그는 말한다. 창의력은 자신감이라는 것이다.

우리는 모두 높은 수준의 혁신 능력을 가지고 태어난다. 그런데 태어날 때부터 내재된 창의력과 혁신성은 문화적 규범과 경직된 사회로 인해 점점 시간이 갈수록 찾아 볼 수 없을 정도로 평범해진다. 아이들은 누구나 왕성한 상상력이라는 축복을 타고난다. 하지만 근육을 사용하지 않으면 무력해지듯, 어린아이의 눈부신 상상력도 쓰지 않으면 시간이 지나면서 빛을 잃어간다.

일전에 소프트웨어를 전공하는 대학생을 대상으로 4차 산업혁명 주제로 강연을 한 적이 있었다. 강연 중에 "소프트웨어와 디자인을 함께 공부해야 한다"고 말했더니 한 학생이 "필요성에 대해서는 알겠는데 소프트웨어를 하면서 디자인을 배우는 것은 생각처럼 쉽지 않다"라는 말을 했다. 충분히 이해가 되는 말이다. 그래서 "디자인의 최고 수준을 5레벨로 본다면 가능하면 3레벨까지 배워라. 그러면 자신이 생각하는 디자인 컨셉은 직접 그릴 수 있다. 자신이 그린 디자인 컨셉을 전문 디자이너에게 제공해서 세부적으로 디자인하게 하는 것과 나는 디자인을 모르니 알아서 해라라는 것은 엄청난 차이가 있다"라고 대답해주었다.

전문 디자이너가 디자인을 의뢰하는 사람의 마음을 완벽히 이해하고 디자인 컨셉을 그리는 것은 불가능한 일이다. 이 세상에 디자인이 아닌 게 없다. 우리가 보고 사용하는 모든 대상은 디자인되어 있다. 요제프가 말하는 창의력처럼 디자인도 어린나이에서부터 감각을 키우고 유지시킨다면 누구나 디자인을 할 수 있다.

그동안 안 하다가 갑자기 대학에서 디자인을 배우는 것은 오랫동안 쓰지 않았던 근육을 다시 쓰는 것과 같은 일이다. 4차 산업혁명 시대에 어떤 직업을 갖든 우리는 모두 디자이너가 되어야 한다.

세상을 관찰해
새로운 규칙과 차이를 발견하라
렘브란트는 왜 왼손과 오른손의 크기를 다르게 그렸을까?

러시아 상트페테르부르크의 에르
미타주 박물관이 소장하고 있는
그림 돌아온 탕자는 1669년경 렘
브란트가 죽기 2년 전에 그린 미완
성 작품이다. 명화 돌아온 탕자는
타락한 삶으로 자기 영혼을 만족
시키려 했던 둘째 아들이 결국 몸
과 마음이 만신창이가 되어 가족
의 품으로 돌아온 순간을 담은 그

렘브란트, 돌아온 탕자

림이다.

아버지는 매일같이 아들이 돌아오기를 기다리다 눈이 멀게 되었다. 때문에 아버지의 시선은 초점이 없다. 아들을 감싸 안고 있는 아버지의 손은 서로 다르게 그려져 있다. 왼쪽 손은 힘줄이 두드러진 남자의 손이고, 오른쪽 손은 매끈한 여자의 손이다. 아들의 어깨를 만지고 있는 아버지의 왼손은 매우 강인해보인다. 그 손으로 아들의 등과 어깨를 넓게 감싸고 있다. 그러나 오른손은 아들의 몸을 누르거나 잡지 않는다. 아들의 몸 위에 부드럽게 얹어 있어 마치 편안함과 위로를 주는 어머니의 손과 같다.

우리는 그림을 감상할 때 화가가 그림을 그리게 된 이유와 작품을 통해 말하고자 하는 것이 무엇인지 보아야 한다. 무엇을 말하고 있는지를 파악하면 자연스럽게 차이와 의미를 볼 수 있다.

힐러리, 끝날 때까지 끝난 게 아니다

지난 미국 대선에서 힐러리 클린턴이 선거에 질 거라는 생각을 한 사람은 많지 않았을 것이다. 오바마의 적극적인 지원과 미국 언론이 트럼프에게 등을 돌린 상황으로 힐러리는 승리를 확신했는지 모른다. 대부분 힐러리의 낙승을 예상해서 트럼프의 승리는 대단한 충격이었다. 필자는 알고 있는 미국인들에게 힐러리가 왜 졌는지 물어보자 거짓말과 무능 때문이라는 대답이 돌아왔다.

힐러리가 무능하다니 처음에는 이해할 수 없었다. 언론에서도 힐러리가 대선에 패한 이유를 크게 4가지로 말하는데 이메일 스캔들에 대한 대응 실패, 캠프 내부의 갈등, 버니 샌더스가 남긴 상처 그리고 힐러리의 비전 부재였다.

한창 빅데이터가 화두로 떠올랐을 때 필자가 읽은 《빅데이터 승리의 과학》이란 책에는 오바마의 2012년 대통령 선거 승리에 결정적인 기여를 한 빅데이터 활용 사례를 소개한다. 2008년 대통령 선거의 성공 비밀은 인터넷, 디자인 그리고 변화Change라는 강력한 선거 메시지였다. 2012년 재선의 핵심 요소는 SNS, 모바일, 스토리텔링, 클라우드, 소프트웨어 그리고 빅데이터 활용이었다.

오바마의 재선 캠프는 정보통신기술ICT, 패션, 영화 전문가로부터 선거 전략에 대한 자문을 구했는데 스티브 잡스는 모바일 활용을 말했고, 스티븐 스필버그는 스토리텔링의 힘에 대해서 이야기했다. 그리고 세일즈포스닷컴의 마크 베니오프는 클라우드 활용에 대해 설명해주었다. 젊은 자원봉사자들은 스마트폰이나 태블릿PC, 노트북을 휴대하고 골목과 거리를 누비면서 유권자들과 접촉하였다.

모바일에 익숙한 젊은 자원봉사자들은 유권자들과 접촉하기 전에 나이와 성향, 관심 이슈 등 유권자 맞춤형 정보를 스마트폰으로 다운로드받아서 활용하였고, 유권자와 접촉한 뒤 그 결과를 입력하여 서버에 전송하였다. 오바마 캠프는 모바일과 클라우드의 결합이라는 최신 기술 환경을 적극 활용했다. 유권자의 생각과 원하는 것을 스마트폰과 앱을 활용해서 광범위하게 수집했다. 이 자료를 클라우드에 있는 서버에 저장하고 확률·통계 분석팀이 예측모델을 코딩해서 선거 판세를 분석·예측한다. 이를 선거 캠프 홍보팀에 제공하고 홍보팀이 다시 각 지역 담당자에게 공유하는 일련의 잘 짜인 절차에 따라 선거 캠페인이 진행되었다.

국가를 운영하고 정치를 하고자 한다면 시민과 관련된 데이터를 수집 및 저장, 분석 그리고 예측할 수 있는 시민 소셜 빅데이터를 구축해야 한다. 지속적인 데이터 축적 없이 정치를 한다는 것은 구시대의 정치 엔지니어링에서 벗어날 수 없다. 오바마처럼 정당은 시민 소셜 빅데이터를 구축해서 차별화된 정책을 제시하여 선택을 받아야 한다. 비슷비슷한 공약에서 벗어나야 한다. 한국에서 치러진 19대 대통령 선거에서 각 선거캠프마다 오바마의 사례처럼 IT지원팀, 데이터 분석팀이 있는지 궁금해 캠프 조직 구성을 보았으나 그런 조직은 없었다. 앞으로 대한민국의 정치 엔지니어링도 클라우드, 사물인터넷, 빅데이터, 인공지능 기술을 활용해서 혁신할 때가 되었다.

다들 인공지능을 핵심 산업으로 키우겠다는 말은 하지만 실제 인공지능 산업이 성장하기 위해서는 데이터가 있어야 한다. 영상 분석을 위해서 영상 데이터가 필요하듯이 분석을 하려면 데이터가 필요하다. 페이스북, 구글, 아마존, 트위터, 네이버, 다음과 같은 곳에서는 데이터가 끊임없이 생성된다. 사람들이 만들어내는 글, 상품주문 내역, 검색 이력이 초단위, 분단위로 만들어진다. 오바마 캠프에서 있었던 할머니 부대, 디지털 사단처럼 지역 시민의 생각을 수집하는 활동은 페이스북에서 만들어내는 데이터와 같다. 이런 데이터를 지속적으로 수집하고 클라우드 서버에 저장, 축적, 분석 그리고 활용하는 과정을 1년, 3년, 5년 계속한다면 데이터 중심의 정치가 가능할 것이다.

수집한 데이터를 정당 사무실이 아닌 클라우드에 두는 것은 정당 사무실이 이사를 가거나 담당자가 바뀌더라도 반영구적으로 보관할 수 있기 때문이다. 우리도 지역 어르신, 자원봉사자, 정당 조직을 활용해 지역 시민의 생각을 찾아내는 시민 소셜 빅데이터를 구축해야 한다. 오바마는 기술혁신의 트렌드를 파악하고 최신 IT를 활용해서 시민의 마음을 읽어 재선에 성공할 수 있었다.

무리뉴, 나는 스페셜 원이다

"나는 축구팀에서 통역을 하며 포르투갈어, 이탈리아어, 스페인어, 카탈루냐어, 영어, 프랑스어를 할 수 있게 되었다. 때문에 주요 축구 국가와 가까워질 수 있었고 언어상으로 대화가 불가능한 선수는 거의 없었다. 그래서 나는 스페셜 원이 될 수 있었다."

조세 무리뉴, 그는 지금 맨체스터 유나이티드의 감독이다. 무리뉴 감독은 유명하지 않은 팀에 축구를 잘하지 못했던 수비수였다. 한마디로 그는 삼류 선수였다. 무리뉴가 경기에 나오면 상대팀은 너무 좋아했다. 기본적으로 4~5골은 무리뉴가 만들어주었기 때문이다.

그의 아버지는 축구감독이었다. 아들을 선발출장시켰다가 곤욕을 치른 적이 여러 번 있었다. 무리뉴는 은퇴를 할 수밖에 없었다. 그런데 그는 어려서부터 좋은 역량을 키울 수 있는 기회가 있었다. 그것은 경기분석 역량이었다. 아버지는 무리뉴에게 축구에는 소질이 없으니 상대편 선수를 분석하는 일을 시켰다. 이것은 무리뉴를 톱클래스 감독으로 만들어주었다.

무리뉴는 영어를 잘했다. 포르투갈 국가대표팀의 감독은 외국인이었는데 감독의 통역을 맡고 분석을 함께 하면서 세계적인 감독의 전략을 벤치마킹할 수 있었다. 이를 바탕으로 자신만의 전략과 전술 그리고 선수기용 기법을 만들어낸 것이다.

초등학교 때부터 축구, 야구, 농구, 스케이팅 등의 선수생활을 시작했더라도 중학교, 고등학교, 대학 때 선수 생활을 포기하는 경우가 많다. 모든 선수가 국가대표나 프로선수가 되기는 힘들다. 하지만 그동안 배우고 경험한 지식을 바탕으로 감독이 되거나 재활 트레이너, 헬스 트레이너, 스포츠 과학자, 코칭 컨설팅 등 다양한 영역에서 활동할 수 있다.

그동안 많은 비용을 들여 힘들게 배운 스포츠 지식을 선수가 될 수 없다고 해서 너무 쉽게 포기하는 것은 아까운 일이다. 메시나 호날두처럼 스타 플레이어가 되지 못했지만 경기를 관찰하고 패턴을 찾고 선수의 마음을 읽어내 선수가 최고의 역량을 발휘할 수 있게 만들었다. 이와 같은 전략적인 선수 기용으로 최고 클럽팀의 명장이 될 수 있었다. 운동하는 모든 선수가 국가대표나 프로선수가 되지 않더라도 포기하지 말아야 한다. 그동안 자신만이 가진 경험과 지식을 다른 영역에 활용할 수 있는 분야를 찾으면 제2, 제3의 무리뉴가 될 수 있다. 국가대표나 프로선수를 목표로 운동을 하더라도 자신의 노하우를 활용한 직업을 준비해야 한다.

머니볼, 약자에게 유리한 비대칭 전략으로 승리하다

영화 '머니볼'에서 경제학을 전공한 피터는 야구를 정말 좋아한다. 피터는 빌리 빈 단장에게 선수에 대한 정보를 알려준다. 피터는 선수에 대한 세간의 평가나 선입견 대신 경기 데이터에 집중해서 선수를 분석하고 경기력을 예측한다. 미국 메이저리그의 만년 최하위 구단, 오클랜드 애슬레틱스의 구단주 빌리 빈은 데이터에 기초하여 팀을 구성하고 경기를 운영한 덕분에 2000년부터 4년 연속으로 지구 우승을 했다.

"우리 같은 가난한 팀이 살아남기 위해서는 선수를 선발하는 새로운 방법을 찾아야 한다. 비싼 선수를 사올 여력이 없으니 남들이 알아채지 못한 '흙 속의 진주'를 싼값에 영입해 최대한 활용해야 한다."

야구에서 타자를 고르는 기준은 타율이다. 빌리 빈 단장은 출루율이란 측정 도구를 적극적으로 활용했다. 안타나 볼넷이나 1루에 나가긴 마찬가지다. 안타를 많이 치는 선수는 비싸다. 오클랜드는 볼넷을 많이 고를 줄 아는 상대적으로 싼 선수에 주목했다. 빌리 빈 단장은 "모든 선수가 정확히 어떤 가치를 지녔는지 알아야 한다. 그래야 선수 몸값을 제대로 매길 수 있다"고 말했다. 빌리 빈은 구단 고참 스카우트들의 반발에도 불구하고 확신을 갖고 새로운 성과 측정 도구를 지속적으로 고수했다. 부자 구단이 아닌 오클랜드는 데이터 분석을 통해서 비용 대비 최고의 성과를 이끌었다.

영화 마지막에 보스턴 레드삭스가 빌리 빈 단장에게 영입을 제안하는 장면이 나온다. 빌리 빈 단장은 1,250만 달러약 134억 원를 제시한 보스턴의 제안을 거절한다. 거절한 이유는 딸과 헤어지기 싫어서라고 말했지만 필자는 빌리 빈 단장이 오클랜드 애슬레틱스에서 꼭 이루고 싶은 꿈이 있어서라고 생각한다. 그리고 보스턴 레드삭스도 빌리 빈 단장의 머니볼 시스템을 도입하여 2년 후 1918년 이후 처음으로 월드시리즈 우승을 한다.

제한된 투자비용으로 사업을 하게 되면 철저히 시장조사를 해야 한다. 나만의 생각, 나만의 확신, 팀원의 생각보다 시장의 생각이 더 중요하다. 성공하고 싶다면 말이다. 나만의 어설픈 생각이 비즈니스를 망칠

수도 있다. 그래서 머니볼은 약자에게 유리한 비대칭 전략이다.

뿌까의 탄생은 데이터 분석에서 시작되었다

애니메이션 영화 제작사는 소비자에 대한 관심을 더욱 더 많이 가져야 한다. 콘텐츠 수용자, 즉 소비자가 어떤 생각을 하고 있는지 지속적으로 관찰해야 한다. 영화배우 황정민 씨에게 이런 질문을 했다. 영화 대본을 받으면 가장 먼저 무엇을 보느냐고 물어보니 그는 관객과 소통하고 공감할 수 있는 대본인지를 가장 먼저 본다고 했다.

성공적인 콘텐츠 조건은 첫째도 소비자, 둘째도 소비자, 셋째도 소비자다. 그래서 콘텐츠 수용자에 대한 학습이 중요하다. 뿌까의 탄생 배경은 이렇다. 먼저 인기 있는 해외 캐릭터를 조사했더니 대부분 동물이 많고 어린이들을 타깃으로 했다는 공통점을 발견했다. 그래서 차별화 전략의 일환으로 이들과 다른 모습의 캐릭터를 만들기로 했다. 동물이 아닌 사람으로 그리고 10대와 20대를 타깃으로 잡았다.

보통 여자캐릭터라고 하면 공주 이미지를 생각하지만 여기에서도 철저히 차별화를 했다. 쌍꺼풀이 없는 눈에 동양적이면서도 매력 있는 얼굴을 만들었다. 캐릭터에 스토리를 입힐 때도 남자에게 종속되는 캐릭터가 아니라 여자 캐릭터가 주도하는 연애를 구상했다. 여자가 더 적극적이라면 사람들에게 신선함을 줄 수 있겠다는 판단이었다. 핵심은 철저한 시장 분석과 이를 통한 캐릭터 컨셉 구축 과정이었다.

다음은 국제라이선싱산업협회의 회장 찰스 리오토의 말이다.

"소비자의 공감대를 얻을 수 있는 캐릭터를 개발하기 위해서는 설문 조사를 많이 해야 한다."

요즘은 설문조사보다 소셜 네트워크를 통한 데이터 수집이 각광받고 있다. 페이스북, 트위터, 유튜브, 플리커, 에어비앤비, 핀터레스트 등 소비자의 생각을 읽을 수 있는 곳은 많다.

여러분들이 건축설계사라면 에어비앤비 사이트에 방문해야 한다. 세계의 사람들이 어떤 집에서 지내고 싶은지 파악할 수 있기 때문이다. 건축설계 또는 인테리어의 디자인 컨셉을 에어비앤비에서 찾을 수 있다. 여러분이 산업디자이너라면 핀터레스트에 방문할 필요가 있다. 지구상에 핀터레스트처럼 세계 사람들이 좋아하는 이미지를 잘 정리한 사이트는 없을 것이다. 페이스북이 사람 간의 관계에서 의미를 찾는다면 핀터레스트는 이미지들 간의 관계에서 의미를 찾는다. 세계의 사람들이 어떤 이미지를 좋아하는지를 분석해서 미래의 디자인 컨셉을 예측할 수 있다.

베이징 스모그를 음악으로 듣다

에어플레이 프로젝트는 3년 동안 베이징 미세먼지 데이터를 전자 음악으로 구현해 들려준다. 대기 오염을 측정하여 미국의 록밴드 나인인 치네일스 곡에 베이징의 스모그 데이터를 입력하여 대기 질이 건강에 미치는 영향을 음악으로 들려준다.

에어플레이 프로젝트를 진행한 브라이언 푸는 뉴욕에서 활동하는 프로그래머이자 데이터 비주얼 아티스트이며 데이터드리븐DJ다. 데이터드리븐DJ는 사운드, 데이터 그리고 알고리즘을 조합하여 음악을 만든다. 그는 베이징 사람들이 경험하는 대기오염을 어디에서든 음악으로 들을 수 있게 했다.

브라이언 푸는 스모그 측정 데이터값을 가지고 이를 표현할 수 있는 사운드를 샘플링한다. 측정한 데이터를 사운드에 입력해서 음악이 나올 수 있도록 알고리즘을 코딩하여 '에어플레이'를 만들었다. 그는 "데이터를 차트, 표 그리고 이미지로 시각화하는 것보다 음악을 통해서 보여주는 것이 사람들의 마음을 더 잘 이끌고 더 강한 공감대를 만들 수 있다"고 말한다. 그는 자신의 음악을 통해 건강과 환경 문제를 부각시키며 사회에 경종을 울리고 있다.

에어 플레이(Air Play)

음악을 전공하는 사람들이 모두 위대한 음악가가 될 수 없다. 교향악단, 합창단 단원에 속하는 일이나 학생들에게 음악을 가르치는 교육인의 삶을 사는 일도 쉽지 않다. 음악 연주나 교육 외에도 경제적 활동이 가능한 영역인 음악치료·예술경영·연주기획 등에도 관심을 가지고 역량을 쌓아야 한다.

브라이언 푸처럼 음악 전공자가 코딩을 할 수 있다면 어떨까? 사회문제로부터 패턴과 규칙을 뽑아서 에어플레이와 같은 음악을 만들고, 많은 사람들이 사회문제에 대해 공감하고 함께 풀어갈 수 있는 소셜 아티스트Social artist라는 새로운 직업을 가질 수도 있다.

달에도 지진이 일어난다. 공기가 없어 소리를 들을 수는 없지만 지진파 데이터는 볼 수 있다. 달의 지진파 데이터를 브라이언 푸처럼 음악으로 들려준다면 색다른 경험을 제공할 수 있다. 달의 지진파를 음악으로 표현하는 스페이스 뮤지션이라는 새로운 장르의 전문가가 될 수도 있는 것이다.

미리 수포자가 되면 미래의 기회를 포기하는 것

중·고등학생 사교육비 8조 9천억 원 가운데 절반가량은 수학 과목에 쏠려 있다. 그만큼 대부분의 학생들이 수학에 매달리고 있다. 수학을 잘하면 데이터 사이언티스트가 될 수 있는 좋은 조건을 가진다. 데이터 사이언티스트의 필요성과 역할이 부각되는 이유는 SNS, 모바일, 사물인터넷 등을 통해 폭발적으로 늘어나는 데이터에서 의미와 가치를 찾고 미래를 예측하는 일이 많아지기 때문이다. 데이터를 이해하고 데이터에서 가치를 뽑고 시각화하는 능력이 앞으로 각광받을 것이다.

데이터 사이언티스트가 되려면 두 가지 역량이 필요하다. 첫 번째는 사물이나 상황에서 패턴을 찾아내는 능력이고, 두 번째는 코딩 능력이다. 현상으로부터 패턴을 찾아내고 확률통계 이론을 적용해 알고리즘을 만들어내는 능력이 필요한데, 이때 수학이 필요하다. 그리고 코딩 역량은 패턴이나 알고리즘을 코드로 작성하고 컴퓨터가 처리할 수 있도록 하는 역량을 말한다.

수학은 장기적인 안목으로 볼 필요가 있다. 수능을 잘 보기 위해서 공부하는 것도 중요하지만 일상생활에 수학이론을 활용하는 습관을 길러야 한다. 이런 수학을 응용수학이라 한다. 수학에 대한 트라우마 때문에 수포자가 되어서는 안 된다. 이제는 흥미를 느낄 수 있는 스토리 기반의 수학교육을 시작해야 한다. 점수가 안 나와도 포기하지 말고 수학을 잡고 가야 한다. 문제는 잘 못 풀지만 수학 이론에 대한 원리만 알아도 데이터 사이언티스트가 될 수 있다.

이미 많은 알고리즘이 API에이피아이, Application Programming Interface형태로 제공되고 있다. 점수가 원하는 대로 안 나온다고 실망해서 미리 수포자가 되면 미래의 기회를 미리 포기하는 것이다. 부모는 자녀들이 수학에 흥미를 가질 수 있도록 코딩과 연계한 응용수학을 경험할 수 있는 환경을 조성해야 한다. 미리 수포자가 되면 4차 산업혁명 시대의 주인공이 될 수 없다.

LESSON 04

세상 모든 것은
디자인으로 완성된다

"모든 아이들은 예술가다. 문제는 어떻게 하면 그 아이가 어른이 되어서까지 예술성을 간직할 수 있느냐 하는 것이다." 피카소의 말이다. 이와 관련한 좋은 사례가 있다. 홀마크 카드에서 오랫동안 창작업무를 맡았던 고든 맥킨지가 들려준 이야기다.

맥킨지는 때때로 학교를 방문해 학생들에게 자신의 직업에 관한 이야기를 들려주곤 했다. 그리고 이야기에 앞서 늘 자신을 예술가라고 소개했다. 그리고는 교실을 둘러보면서 벽에 학생들의 작품이 걸려 있으면 큰 소리로 칭찬하며 누구의 작품이냐고 묻기도 했다.

"이 교실 안에는 예술가가 얼마나 있니? 손 좀 들어볼래?"

이때 반응은 언제나 비슷했다. 유치원과 초등학교 1학년 교실의 경우 모든 아이들이 경쟁적으로 손을 높이 들었다. 그러다 2학년 교실에 가면 4분의 3가량이 손을 드는데, 그 열기는 조금 덜했다. 3학년 학급에서는 겨우 몇몇 아이들만이 손을 들었고, 6학년 교실에서는 손을 드는 학생이 없다. 아이들은 누가 손을 드는지 주변을 두리번거릴 뿐이었다. 설령 손을 드는 학생조차 자신이 비정상적인 행동을 한다고 생각하는 듯했다.

이 세상 모든 것은 디자인으로 완성된다. 일리노이 공과대학 디자인 연구소 교수인 존 헤스캣은 디자인에 대해서 이렇게 정의했다.

"디자인이란 본질적으로 우리의 필요에 걸맞고, 우리 생활에 의미를 부여하기 위해 주변 환경을 만들고 꾸미려는 인간의 본성으로 규정할 수 있다."

디자인이라는 일을 단순히 정의하면 해결 방안을 도출하는 일이라고 할 수 있다. 런던경영대학원 연구에 따르면 기업이 제품 디자인에 1퍼센트씩 투자를 늘릴 때마다 매출과 수익이 평균 3~4%씩 늘어난다고 한다.

오늘날 한 나라의 부와 개인의 복지는 자신이 예술가인지도 모른 채 교실에 앉아 있는 미래의 예술가들 손에 달려 있다. 자동화, 아웃소싱과 4차 산업혁명의 도래로 혼란을 겪고 있는 우리는 어떤 직업을 갖고 있든 상관없이 예술적인 감수성을 길러야 한다. 살바도르 달리나 파블

로 피카소 같은 위대한 화가가 되지 않더라도 우리는 모두 디자이너가
되어야 한다. 의사도, 공학자도 말이다.

인포그래픽,
그림 한 장으로 표현하라

자신의 생각을 글이나 그림으로
표현해서 설명하는 능력은 매우 중
요하며 자신의 생각을 정리하지 못
하면 비즈니스를 하는 데 어려움을
겪는다.

인포그래픽Infographics은 정보를
나타내는 인포메이션Information과
그래픽Graphic의 합성어로 정보, 자
료 또는 지식을 시각적으로 표현한
것이다. 인포그래픽은 신문기사나
잡지, 정부 홍보와 포스터 등에서
볼 수 있다.

모바일 시대에 긴 글보다는 이미
지와 단문으로 조합된 인포그래픽

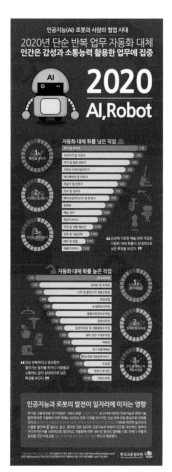

고용노동부 인포그래픽스 사례

의 중요성은 점점 커지고 있다. 잘 만든 인포그래픽을 보면 복잡한 정보를 쉽고 직관적으로 이해할 수 있기 때문이다.

우리는 시간과 노력을 쏟아부어 도출해낸 정보들을 체계적으로 시각화할 수 있는 능력이 필요하다. 텍스트에 시각적 효과를 가미해 정보를 빠르게 습득하고 입체적으로 기억할 수 있게 하는 정보의 시각화는 중요하다. 다보스포럼에서 발표된 〈직업의 미래〉 보고서에 이런 말이 있다.

"인공지능과 로봇기술 발전에 따른 자동화의 직무 대체는 2020년 전후 시작될 것이다. 그러나 단순 반복업무 중심으로 대체될 것이고 중요한 의사결정과 감성에 기초한 직무는 여전히 인간이 맡게 될 것이다. 따라서 막연히 일자리의 소멸을 불안해 할 필요는 없다. 중요한 것은 앞으로 인공지능과 로봇이 인간을 대신하는 영역이 어디까지인지를 사회적으로 합의하는 일이다. 자동화에 따른 생산성 향상의 열매를 사회 전체가 어떻게 공유할 것인지에 관한 제도적 장치를 준비하는 것이 필요하다. 이제 단순 암기식 선행학습보다 창의적 문제해결능력을 키우는 방향으로 교육패러다임도 달라져야 한다."

이 글을 길게 설명하는 것보다 인포그래픽을 사용해서 설명하면 높은 관심도와 이해도를 높일 수 있다. 기업 상품이나 서비스, 공공기관의 정책을 홍보하는 경우 글로만 설명하기보다 인포그래픽을 활용하면 직관적이고 생동감 있는 정보를 전달할 수 있다.

하지만 텍스트의 글을 한 장의 이미지로 정리해서 보여주는 것은 쉽지 않다. 많은 연습이 필요하다. 잘 만들어진 인포그래픽을 참조해서 자신의 생각을 정리하는 연습을 많이 하는 것이 좋다. 신문의 사설을 두 사람 이상이 인포그래픽으로 시각화한다면 작성자가 생각하는 관점의 차이를 이해할 수 있고 사람들의 공감대를 이끄는 핵심 정보가 무엇인지도 파악할 수 있다. 잘 만들어진 인포그래픽을 많이 보고 분석할수록 좋은 인포그래픽이 만들어진다.

2008년 오바마 대선 승리는 낙서에서 시작되었다

존재감 없었던 오마바를 일약 스타덤에 올려놓은 연설이 있다. 2004년 7월 일리노이주에서 열린 민주당 전당대회 기조연설이었다. 이 연설로 정치인 오바마는 미국뿐만 아니라 전세계에 얼굴을 알릴 수 있었다. 이때부터 오바마의 전설이 시작되었다.

2008년 대선 승리에 결정적인 역할을 한 포스터가 있었다. 그 포스터의 이름은 '희망HOPE'이었다. 포스터 제작자는 그래피티 아티스트이자 그래픽 디자이너인 셰퍼드 페어리다. 셰퍼드 페어리는 1970년 미국 찰스톤에서 태어나 로드아일랜드 디자인스쿨에서 일러스트레이션을 공부했다. 40대에 요절한 전설적인 프로레슬러 앙드레 자이언트의 얼굴을 모티브로 만든 작품 '오베이 자이언트'를 종이와 스티커, 포스터

희망(HOPE) 포스터　　　　셰퍼드 페어리　　　　오베이 자이언트

로 만들었다. 처음에 이 이미지는 몇몇 커뮤니티를 중심으로 비밀리에 열광적으로 전파되다가, 곧 로드아일랜드 지역뿐만 아니라 미국 동부 전역에 걸쳐 퍼지기 시작했다. 셰퍼드가 '오베이 자이언트'처럼 오바마의 희망 포스터를 만들자 오바마의 얼굴은 빠른 속도로 많은 사람들에게 알려지게 됐다.

　셰퍼드가 '오베이 자이언트' 스티커를 만든 이유는 사람들이 스티커를 보고 어떻게 반응하는지 관찰하고 관심을 일으키는 것이 목적이었다. 셰퍼드가 말하는 예술의 역할은 다양한 그룹의 사람들을 서로 소통하게 하고 모두에게 유익한 대화를 이끌어내게 하는 것이다. 셰퍼드가 생각하는 좋은 아티스트의 역할은 사람들에게 꿈꿀 수 있을 만한 것들을 던져주고, 곰곰이 생각해볼 만한 무엇인가를 제시하는 것이다.

셰퍼드는 재즈와 메탈, 록음악, 힙합 등 장르에 구애받지 않고 음악을 듣는다. 또 전설적인 팝아티스트 앤디 워홀, 로이 리히텐슈타인, 검은 피카소라 불리는 장 미셸 바스키아, 미술가이자 건축가 아이 웨이웨이 등 다양한 작가로부터 영감을 받고 컬래보레이션 프로젝트도 시도한다. 한국의 패션 디자이너와 공동으로 패션쇼도 진행한 적이 있는데 셰퍼드는 작품을 패션으로 연결해서 자신의 의류 브랜드도 론칭하는 등 예술을 상업적 영역까지 확대하고 있다.

셰퍼드는 저항문화뿐 아니라 대중문화와 상업적 마케팅 그리고 정치적인 메시지 등 분야를 가리지 않고 아이디어를 얻는다. 셰퍼드는 전쟁·평화·차별·유전개발·지구온난화와 같은 사회적 이슈를 낙서라는 저급문화를 작품화하여 부각시킨다. 이를 통해 사람들의 관심과 참여를 유도하고 함께 문제를 해결할 수 있는 동인을 제공하는 데 집중하고 있다. 사물에 대한 관심과 관찰 그리고 자신의 생각을 디자인하는 과정이 셰퍼드 예술세계의 시작이다. 이처럼 디자인은 외부를 꾸미는 데 그치지 않고 세상을 바꾸는 강력한 힘이 될 수 있다.

왜 생물학자가 애니메이션을 배울까?

재닛 이와사는 분자생물학자이자 유타대학 생화학 분야의 연구 조교수다. 재닛 교수는 연구, 학습, 과학적 의사소통 기능을 담당하는 분

재닛 이와사 소개

자세포를 시각화하는 전문가다. 재닛 교수는 세포가 분자를 얻고 확대되는 과정을 애니메이션으로 표현하여 그의 영상이 〈네이처 Nature〉, 〈사이언스 셀Science and Cell〉 그리고 〈뉴욕타임스〉에 소개되었다.

일반적으로 과학자들은 세포와 분자가 어떤 형태인지 잘 알고 있다. 그런데 이런 과정들은 너무 작아서 눈으로 직접 볼 수 없다. 가장 좋은 현미경을 사용해도 말이다. 재닛 교수는 아바타, 스타워즈 영화를 만들 때 사용한 3D 애니메이션 소프트웨어를 이용하여 세포 분열과 같이 눈으로 보기 힘든 과정을 '인터스텔라' 영화처럼 과학적으로 생동감 있게 보여주었다.

애니메이션을 활용한 시각화 방법은 과학 가설을 검증하고 연구결과를 보여주는 매력적인 도구가 되고 있다. 전통적인 생물학자들은 대부분 종이와 펜을 가지고 연구 과정을 설명하거나 그림으로 시각화하는 수준에 그쳤다. 그러나 재닛 이와사가 이를 애니메이션으로 만들면서 연구원들도 자신들의 생각을 정제하고 간결하게 만드는 데 애니메이션을 활용하기 시작했다. 애니메이션은 단순히 생각의 소통에만 유용한 것이 아니라 가설을 탐색하는 데도 매우 유용하다.

재닛 교수는 애니메이션이 전통적인 생물학 연구방식을 바꾸어놓을 수 있다고 확신한다. 재닛 교수처럼 3D 애니메이션 소프트웨어를 활용하면 사람들과 소통하는 방식이나 아이디어를 탐구하는 방식, 그리고 가르치는 방식을 바꿀 수 있다. 자신의 생각이나 하는 일을 시각화해서 공유하고 소통하고 공감하는 것은 모든 영역에서 필요하다.

기능과 하드웨어 중심에서 디자인과 소프트웨어로

스마트폰을 구입할 때 더 이상 기능이 중요해지지 않고 있는 듯하다. 최근 여러 조사기관 발표에 따르면 스마트폰을 구매하는 결정적인 요인은 디자인이라고 한다. 이제 메모리, 디스크 용량, 해상도는 차별적인 요소가 되지 못하는 것이다. 스마트폰 제조사별 기술 수준은 비슷하다. 그래서 디자인을 더욱 부각시킬 수 있는 소프트웨어의 역할이 커질 수밖에 없다.

스마트폰 또는 노트북으로 항공권을 구매하는 경우 제일 처음 맞닥뜨리는 것은 자신의 아이디와 패스워드를 입력하는 일이다. 원하는 일정을 검색하고 결정해서 결제까지 완료하는 일련의 과정을 사용자 인터페이스UI, User Interface라고 한다. UI는 사용자와 시스템기계, 컴퓨터 프로그램 사이에서 의사소통을 할 수 있는 창구와 같은 개념이다. 공공 사이트에서 접속해서 민원신청을 하는 경우 액티브X를 설치하고 인증을 위해서 전화번호를 입력하고 다시 인증번호를 입력해야 한다. 이런 과정이 사용자에게 불편함과 복잡함을 느끼게 했다면 UI 설계는 잘못된 것이다.

실제 UI는 서비스 품질과 매출에 큰 영향을 준다. 결제 과정이 복잡하고 불편해도 인내하며 상품을 구매하는 충성스러운 이용자는 그다지 많지 않다. 훌륭한 UI를 설계하기 위해서는 사람의 심리와 행동에 관심을 가지고 관찰해야 한다.

사용자가 필요한 것을 쉽게 찾고 명확하게 의도한 결과를 얻어낼 수 있도록 화면을 디자인하는 일은 서비스 만족도와 직결된다. UI는 사람의 심리, 행동과 경험을 디자인하는 과정이며, 이 과정을 소프트웨어가 묶어준다. 이제 기능과 하드웨어 시대에서 디자인과 소프트웨어 시대로, 즉 감성의 시대로 중심이 이동하고 있다.

디자인에서 시작해서 3D프린터로 끝난다

3D프린터는 4차 산업혁명에서 중요한 기술이며 기업뿐 아니라 개인도 관심을 가질 필요가 있다. 3D프린터의 강점은 설계 도면만 있다면 바로 출력이 가능하다는 점이다. 출력 대상물은 플라스틱, 금속, 종이, 목재, 아크릴, 석회가루, 왁스 등 다양하다.

3D프린터는 자동차, 우주, 항공, 전자, 의료, 패션, 영화 특수효과 등

산업 분야를 막론하고 제품을 기획하면 바로 작업장에서 생산할 수 있다는 강점이 있다. 기업뿐만 아니라 개인도 자신만의 아이디어를 디자인하여 3D프린터를 이용해 개인 맞춤형 제품과 취미활동용 장식품을 직접 생산하는 프로슈머생산적 소비자가 될 수 있다. 원하는 물건은 바로 출력하는 데스크톱 공장이 가능해진다. 또 3D프린터 디자인 데이터는 온라인 공간에서 공유할 수도 있어 세계 누구와도 프로젝트 협업이 가능하다.

3D프린터를 잘 활용하기 위해서는 디자인 설계 역량이 있어야 한다. 만약 아내에게 특별한 선물을 주고 싶은데 인터넷에서 공개된 반지 디자인 데이터를 가지고 출력하는 것보다 직접 반지를 디자인해서 만들 수 있다면 세상에서 유일무이한 선물이 될 것이다. 디자인 데이터도 지적 재산권으로 도면을 구매하거나 공개된 디자인 데이터를 찾아서 사용할 수 있다. 디자인을 의뢰할 수도 있으나 직접 디자인할 수 있다면 자신만의 공장도 가질 수 있다. 그런데 아무리 좋은 3D프린터를 가지고 있어도 디자인 데이터를 입력하지 않으면 아무것도 출력할 수 없다.

코딩으로 세상과 미래를 프로그래밍하라
소프트웨어가 세상을 지배하고 있다

옆의 그림에 소개된 기업은 모두 자신들만의 강력한 소프트웨어로 무장한 글로벌 기업들이다. 이 기업들은 뛰어난 코딩 실력으로 시장에서 독보적인 경쟁력을 갖춰 사업을 주도하고 있다.

우리가 코딩을 배워야 하는 이유는 전 산업이 소프트웨어를 이용해서 산업기반을 자동화와 지능화로 혁신하고 있기 때문이다. 모든 소프트웨어는 코딩을 통해 만들어진다. 4차 산업혁명 기술인 클라우드, 사물인터넷, 빅데이터, 인공지능을 연결하고 조합할 수 있는 방법은 오직 코딩을 통해서만 가능하다.

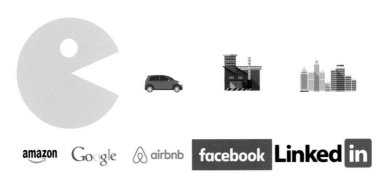

Software eats the World

코딩은 자신의 능력을 무한대로 확장할 수 있다

현대 사회는 컴퓨터와 휴대폰과 같은 기기 없이는 생활이 불가능할 정도로 거의 모든 것이 IT 기술에 의해 운영되고 있다. 그런 IT기기를 움직이는 소프트웨어는 요즘 시대에 가장 필요한 핵심기술이 되었다. 앞으로는 코딩을 해서 시스템을 직접 만들고 실행하는 능력이 경쟁력의 핵심이자 4차 산업혁명을 주도하는 강력한 엔진이 될 것이다.

오바마 전 대통령은 이렇게 말했다. "누구도 공학자로 태어나진 않았지만, 공학자가 되는 일이 그렇게 두려운 것은 아니다. 열심히 공부하고, 수학과 과학에서 조금만 노력하면 누구든 공학자가 될 수 있다. 게임만 하려고만 말고 직접 만들어보라."

영국의 전 총리 데이비드 캐머런은 "국가 간, 아이들 간 경쟁에서 승리하고 좋은 직업을 얻으려면 코딩 교육은 대단히 중요하다. 오랜 시간이 걸리겠지만 수학과 과학, 첨단의 기술을 가르치는 것은 국가의 번영을 위해서 중요하다"라고 코딩 교육을 강조했다.

마이크로소프트의 빌 게이츠, 페이스북의 마크 저커버그, 트위터의 잭 도시, 구글의 래리 페이지와 세르게이 브린, 이들의 공통점은 젊은 나이에 코딩으로 성공을 거두었다는 것이다.

이들이 코딩을 시작하게 된 이유는 매우 단순하다. 컴퓨터 공학을 공부한 것도 그 분야의 최고가 되고 싶어서가 아니었다. 빌 게이츠는 레이크사이드 초등학교에 다니며 방학 때 코볼COBOL로 학교 성적 계산 프로그램을 개발했는데 코딩하는 게 너무 재미있어서 "놀아도 돈을 줘요"라는 말로 즐거움을 표현했다. 빌 게이츠에게는 코딩이 즐거운 놀이였던 것이다.

저커버그는 남매가 같이 재미있게 할 수 있는 무언가를 만들고 싶었다. 코딩을 해서 간단한 프로그램을 짜고 나서 기능을 추가 했고, 새로운 걸 배워야 되는 상황이 되면 책을 보거나 인터넷을 찾아보면서 자신만의 방식을 추가했다. 처음부터 큰 목적을 둔 것이 아니라 자신이 하고 싶은 일을 하다 보니 지금의 자리에 온 것이다. 이처럼 글로벌 IT기

코딩을 배워야 하는 이유

업의 CEO는 어려서부터 프로그래밍 언어를 놀이삼아 익혔고, 코딩을 통해서 자연스럽게 문제를 해결하는 과정이 지금의 성공을 이끈 소중한 자원이 되었다.

지금 컴퓨터를 활용하지 않는 곳은 없다. 우리가 교통카드를 찍거나 은행 일을 보거나 정보를 검색할 때 그 중심에는 컴퓨터가 있다. 앞으로 클라우드, 사물인터넷, 빅데이터, 인공지능의 확산으로 새로운 서비스와 기업, 그리고 신규 직업은 폭발적으로 늘어나게 될 것이다. 미래는 소프트웨어가 세상을 지배할 것이며 소프트웨어를 개발하기 위해서는 프로그래밍 언어를 알아야 한다. 그래서 이런 말도 있다. "코딩을 배워라. 그게 곧 21세기를 사는 법이다." 그만큼 코딩 능력을 갖춘다면 남들보다 많은 기회와 양질의 직업을 계속해서 선택할 수 있다. 대한민국뿐만 아니라 글로벌로 나갈 수 있는 기회를 잡을 수 있다.

페이스북에 매각돼 성공신화를 쓴 인스타그램 창업자 케빈 시스트롬은 하루아침에 억만장자가 되었다. 그는 스탠퍼드대학을 졸업한 뒤 꿈의 직장이라는 구글에 입사했지만 3년 만에 벤처회사로 옮겼다. 그곳에서 그는 낮에는 마케터로 일하고 밤과 주말이 되면 틈틈이 독학으로 코딩을 공부했다. 그렇게 시간을 쪼개서 만든 인스타그램은 앱스토어에 등록된 지 1년 만에 1천만 명이 넘는 사용자를 끌어모으며 돌풍을 일으켰다. 인스타그램이 1조 원의 가치를 지닌 회사가 되는 데 걸린 시간은 불과 18개월이었다.

이처럼 코딩을 통해 자신의 아이디어를 전세계 사람들과 공유하여 새로운 기회를 만들 수 있다. 의사가 되든 연예인이 되든 스포츠 선수가 되든 예술가가 되든 먼저 코딩을 배워야 한다.

코딩은 '흐름제어구조'에서 시작한다

코딩은 프로그래밍 언어를 이용하여 사람이 지시한 일을 컴퓨터가 수행하도록 명령어를 만드는 과정이다. 프로그래머는 프로그래밍 언어를 사용하여 코딩을 하는 사람이다. 프로그래밍 언어는 프로그래머가 컴퓨터에 무엇을 해야 하는지 알려주는 일련의 언어 또는 명령어다. 우리가 미국인과 영어로 대화를 하듯이 프로그래밍 언어는 컴퓨터와 대화하는 언어다.

세계에는 다양한 언어가 있듯이 프로그래밍 언어도 다양하게 있다. 영어, 스페인어, 프랑스어, 독어, 중국어, 일본어가 각기 다른 문법을 가지고 있듯이 프로그래밍 언어도 각기 다른 문법을 가지고 있다. 하지만 각기 다른 문법을 가지고 있더라도 공통적인 부분이 있는데 이를 흐름제어구조Flow Control Structures라고 한다. 흐름제어구조는 컴퓨터를 조정하기 위한 지시 또는 명령이며 컴퓨터를 어떻게 움직일지를 결정한다. 자동차를 운전하듯 컴퓨터와 커뮤니케이션할 수 있게 하는 방법을 제공한다.

흐름제어구조는 시퀀스Sequence, 조건Conditions, 반복Loops, 함수 Functions로 구성된다. 흐름제어구조는 프로그래밍 언어를 접할 때 반드시 배워야 할 대상이며 기본 지식이다. 우리는 흐름제어구조의 네 가지 명령어를 조합하고 확장해서 수준 높은 코딩을 할 수 있다. 우리가 프로그래밍 언어를 배우려고 한다면 반드시 흐름제어구조부터 시작해야 한다.

처음 프로그래밍 언어를 배울 때 초등학생과 중학생까지는 그래픽 기반 소프트웨어를 사용하는 것이 효과적이다. 명령어를 입력하는 텍스트 형태 언어를 시작하는 것보다 그래픽 기반 소프트웨어로 시작하는 것이 재미있는 코딩이 될 것이다. 처음부터 딱딱한 텍스트 형태의 프로그래밍 언어를 시작하면 코딩에 대한 관심과 지속적인 학습 동력을 유지할 수 없다. 시동을 거는 동시에 엔진이 꺼져 버린다. 필자가 소개하려는 코더블Kodable은 많이 알려진 스크래치Scratch처럼 그래픽 기반에서 드래그 앤드 드롭Drag & drop 방식으로 '흐름제어구조'를 배울 수 있는 소프트웨어다.

코딩이 학교 정규 과목으로 편성되어 모든 학생들이 배워야 할 과목이 되고 있다. 학생들에게는 배워야 할 과목이 늘어나 부담이 될 수도 있다. 하지만 페이스북의 저커버그처럼 게임을 만들거나 컴퓨터에게 명령어를 내려서 무언가 작동되는 경험을 하게 한다면 재미있게 코딩을 시작할 수 있을 것이다.

시퀀스, 순서를 알아야 목적지에 갈 수 있다

시퀀스는 코딩을 시작할 때 이해해야 할 첫 번째 개념이다. 시퀀스는 프로그래머가 지시한 명령어를 순서에 따라 실행하는 것이며 컴퓨터는 명령어 순서대로 작동한다.

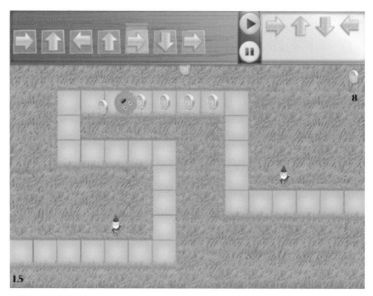

시퀀스 흐름제어구조

 시퀀스 Sequence

우리가 아침에 일어나 학교로 가는 과정을 시퀀스로 볼 수 있다. 프로그래머는 컴퓨터에 주어진 명령이 올바른 순서인지 확인하는 것이 중요하다. 그렇지 않으면 정해진 시퀀스대로 실행되지 않을 것이다.

코더블 소프트웨어의 스미보그 캐릭터는 금화를 찾으러 가야 한다. 그 길을 우측 노란색 영역에 있는 화살표를 사용해서 경로를 정한 후 실행버튼을 누르면 흐름제어구조에 있는 화살표 순서Sequence를 따라가면서 스미보그가 황금을 찾고 무사히 출구까지 이동한다. 만약 순서가 잘못되었다면 스미보그는 금화를 찾으러 가다가 길을 잃게 될 것이다.

조건, 내가 제시한 조건과 같은지 확인하라

특정 조건에 따라 컴퓨터가 해야 할 일을 결정하는 것을 조건Conditions 이라 한다. "If만약, then그럼" 구문처럼 입력되는 If 조건값에 맞으면 지정한 방향으로 진행하고, 조건에 맞지 않으면 다른 방향으로 진행하게 된다. 예를 들면, 입력하는 값이 '1'이면 할인을 적용해주고 '1'이 아니면 할인을 하지 않는 것과 같다. 여기서 '1'이 조건 값이다.

스미보그가 금화를 찾기 위해 앞으로 가다가 위로 올라가야 하는데, 이때 기준이 되는 표시가 '빨간색'이다. '빨간색'을 만나면 위로 올라가다가 다시 앞으로 가야 하는데 이때 표시가 '보라색'이다. 마지막으로 스미보그가 '빨간색' 표시가 보일 때까지 앞으로 가야 금화를 찾을 수

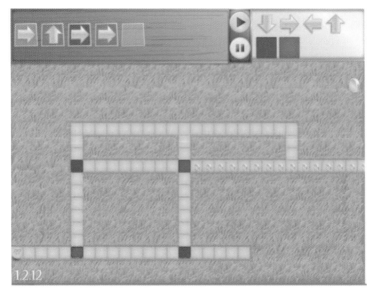

조건 흐름제어구조

있다. 스미보그가 앞으로 갈지 위로 갈지 방향을 결정하는 조건은 색깔이다. 색깔이 스미보그의 방향을 결정하는 조건 역할을 한다. 'If 스미보그가 빨간색을 만나면 'then' 위로 가고 아니면 계속해서 앞으로 간다. 스미보그가 계속해서 앞으로만 가면 금화는 찾을 수 없다.

조건 Conditions

반복, 몇 번 약속했는지 기억하라

　루프Loop는 명령어를 반복 실행하는 데 사용된다. 예를 들면 숫자 1을 100번 더하는 명령어에서 1과 1을 더하고 그 결괏값에 다시 1을 더하는 과정을 100번 명령하는 실행하는 것보다 루프 명령어를 사용해서 반복 횟수만 정하면 루프가 자동적으로 100번을 반복한다. 간단히 1을

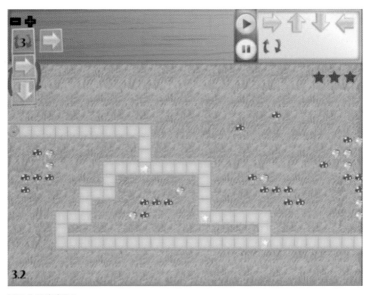

루프 흐름제어구조

루프Loop

더하라는 명령의 반복 횟수 100만 지정하면 루프가 100만큼 반복해서 명령어를 실행한다. 루프하는 횟수를 파악하기 위해서는 규칙적으로 반복되는 패턴을 찾아야 한다. 일정한 규칙이 반복되는 형태가 패턴이다.

스미보그가 별을 찾으러 갈 때 일정한 패턴이 있는데 '앞으로 가고, 내려가고'를 총 3번 반복하는 것을 볼 수 있다. 위아래 쌍으로 된 화살표에 증(+)감(-)을 해서 반복 횟수를 설정한다. 잘못된 패턴을 뽑거나 반복 횟수를 잘못 입력하면 스미보그는 길을 잃어버린다.

함수, 다음에도 계속 사용할 대상을 찾아라

함수Functions는 프로그래머가 코딩할 때 특정한 기능을 실행하기 위해 다시 사용할 수 있는 명령의 집합이다. 루프와 비슷하지만 함수를 한번 만들어 놓으면 계속해서 다시 사용할 수 있다. 예를 들면 우편번호를 검색하는 함수를 한번 만들어 놓으면 계속해서 재사용할 수 있다. 우편번호 검색 함수를 다른 프로그래머가 코딩할 필요가 없다. 함수를 사용하면 그만큼 코딩하는 시간을 줄일 수 있다. 일기예보를 검색하는 함수도 기상청에서 한번 만들어 놓으면 여러 곳에서 사용할 수 있는 것처럼 말이다. 요즘 자주 소개되는 오픈 APIApplication Programming Interface도 함수로 볼 수 있다. 서울시에서 버스의 위치를 알려주는 함

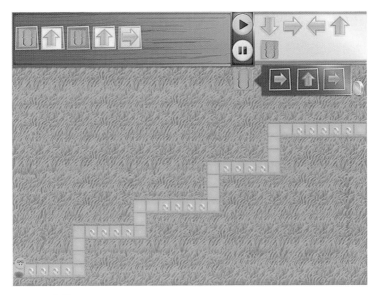

함수 흐름제어구조

수를 이용해서 버스 도착시간을 간단히 확인할 수 있다. 공공기관에서 정보를 API로 제공하는데 기상청에서 제공하는 기상정보 API를 사용하면 누구나 간단히 코딩을 해서 기상정보를 조회할 수 있으며 나만의 기상정보 앱App을 만들 수 있다.

스미보그가 금화를 찾을 가는 길에 패턴이 있는데 '앞으로(→), 위로

함수Function

(↑), 앞으로(→)'다. 이를 양 괄호 표시에 입력하여 함수로 만든다. 저장된 ⊢→, ↑, ⊣ 함수를 사용하여 흐름제어구조에 있는 순서에 따라 스미보그가 무사히 금화를 찾을 수 있다.

코딩은 기술이 아니라 사고방식이다

나라마다 언어가 있듯이 프로그래밍 언어도 다양하다. 프로그래밍 언어도 외국어처럼 문법이 다르고 사용하는 분야가 다르다.

필자가 경험했던 언어를 보면, 코볼COBOL, 포트란FORTRAN, 어셈블리ASSEMBLY, 클리퍼CLIPPER, 씨플러스플러스C++, 델파이DELPHI, 파워빌더POWERBUILDER, 비주얼베이직Visual Basic, 자바Java 그리고 파이썬Python 등이다. 셰프가 요리를 할 때 음식 재료에 따라 다른 칼을 사용하듯이 개발할 때 시스템의 특성에 맞게 프로그램 언어를 선택해서 코딩을 한다.

프로그래밍 언어는 셰프가 사용하는 칼처럼 기능이 구분되어 있다. 더이상 사용하지 않아서 사라지는 프로그래밍 언어도 있고 필요에 따라 새롭게 만들어지는 프로그램 언어도 있다. 프로그래밍 언어는 필요할 때 사용하는 도구일 뿐이다. 처음부터 프로그래밍 언어부터 시작하면 흥미를 쉽게 잃게 된다. 왜 배워야 하는지 어떻게 활용할지에 대한 개념 이해부터 시작해야 하는데 종종 도구를 빨리 배우는 데만 초점이 맞추어지는 경우가 있다.

스크래치는 MIT 미디어랩에서 개발했으며, 스크래치 이름은 힙합 DJ들이 여러 음악을 서로 섞으며 즐기는 스크래칭Scratching이라는 기술에서 차용했다. MIT 미디어랩이 지향하는 스크래치의 비전은 "학생들이 스크래치로 코딩을 하면서 프로그래밍 기술뿐만 아니라 창의적인 사고, 체계적인 추론, 협업 등 오늘날의 세계에서 성공과 행복을 이루기 위한 필수 능력도 함께 배우는 것"이라고 한다.

홍콩청년연합은 2005년 MIT 미디어랩과 홍콩중문대학교와 공동으로 공학, 예술, 디자인을 통한 학습이라는 LEAD프로젝트를 창설했다. 여기서 LEAD는 'Learning through Engineering, Art and Design'의 약자다. 기술을 창의적으로 사용하기 위한 디자인 기반의 체험 활동을 지원하고 있으며 학생, 학부모와 교사가 LEAD 프로젝트에 참여한다. 우리도 홍콩 사례처럼 코딩에 디자인, 예술, 공학을 접목하는 시도가 필요하다. 구글 크리에이티브 랩Google Creative Lab도 디자인, 예술, 공학을 연결하여 프로젝트를 하고 있다.

성공한 디자이너라고 하면 영국 출신의 애플 수석 부사장 조너선 아이브를 꼽을 수 있다. 조너선 아이브는 디자인뿐만 아니라 화학, 물리학, 금속에도 높은 수준의 지식을 가지고 있다. 디자인과 공학을 함께할 수 있다면 확실한 자신만의 차별화 포인트를 가질 수 있다. 독일에서는 디자인과 공학을 통합하여 가르치고 있다. 아무리 디자인이 뛰어나더라도 공학이 지원되지 않으면 멋진 스케치에 불과하다는 것이다.

우리 또한 코딩만 가르치는 것이 아니라 디자인과 코딩을 연계해서 가르칠 필요가 있다. 프로그래밍 언어를 사용해서 어떤 것시스템을 코딩개발할지는 본인이 생각해야 하는데 셰프처럼 여러 칼을 이용해서 요리를 하기 위해서는 레시피가 있어야 한다. 요리의 레시피처럼 코딩의 레시피는 예술, 공학, 디자인, 역사, 스포츠 등의 지식을 조합한 것이다. 다양한 지식을 알수록 코딩할 수 있는 콘텐츠는 다양해진다. 레시피는 콘텐츠다. 다양한 코딩 콘텐츠를 만들기 위해서는 호기심을 갖고 질문하는 습관을 길러야 한다.

우주가 우리에게 준 두 가지 선물은 사랑하는 힘과 질문하는 능력이다. 코딩의 동력 역시 상상력과 질문하는 힘이다. 셰프가 아무리 좋은 칼을 가지고 있더라도 레시피가 없으면 음식을 만들 수 없듯이 프로그래밍 언어를 잘 알고 있어도 만들고 싶은 것을 스스로 생각하지 못하면 코딩을 시작할 수 없다. 사용하지 않는 기술은 사라지듯이 코딩도 하지 않으면 잊혀진다.

코딩의 시작은 가족이다

자녀의 연령대가 초·중학생이라면 가족과 함께 코딩을 시작하는 것이 필요하다. 영국의 경우 11세 이상 학생들은 실제 프로그래밍 교육을 받게 되는데 초등학생 때부터 코딩을 가르치는 시도가 민간에서도 활발히 진행되고 있다. 영국은 1,300여 개가 넘는 초등학교 방과후 교과 과정 중에 '코드클럽'을 무료로 운영하고 있다.

가족이 중심이 되어 코딩을 시작한다면 지역 커뮤니티는 물론 해외 네트워크까지 '코딩'이란 주제로 소통하고 협력할 수 있다. 지역 사회에 코딩이 활성화되면 영국, 미국, 에스토니아 등 해외 교류를 통해서 공동 프로젝트도 가능하고 이런 과정에서 소통의 범위를 세계로 확대할 수 있다.

엄마, 아빠가 아이들과 함께 이야기하고 함께 풀어가는 매개체로 코딩은 훌륭한 도구다. 이를 위해서는 환경 구축이 필요한데 영국의 '코드클럽'처럼 지자체가 분기별, 여름방학이나 겨울방학 때 가족이 참여할 수 있는 이벤트를 개최한다면 좋을 것이다. 코딩은 영재를 위한 대상이 아닌 누구나 받아야 할 교육이기 때문이다.

수학을 못한다고 기죽지 말라, 우리에게는 강력한 API가 있다

코딩을 하는 데 수학을 잘하면 아주 유리하다. 그러나 수학을 잘 못하더라도 API에이피아이, Application Programing Interface를 이용하여 원하는 앱을 쉽게 개발할 수 있다. 대표적인 API는 다음, 네이버, 구글이 제공하는 지도 API이며 지도 위에 다양한 부가정보를 입력할 수 있다.

API를 조합해서 새로운 앱을 빠르게 개발할 수 있고 앱스토어에 등록해서 사람들이 쉽게 사용할 수 있고 앱에 광고를 연결해서 수익도 올릴 수 있다. 당연히 수학공식도 API로 제공하고 있다. 수학을 빠르게 풀지 못하더라도, 점수가 낮아도 문제없다. 수학공식의 원리만 알면 된다. 좋은 아이디어와 코딩 능력만 있다면 API를 활용해서 쉽고 빠르게 앱을 개발할 수 있다.

예를 들어 한국도로공사가 제공하는 주유소별 가격정보 API를 활용하면 유류비를 실시간을 확인할 수 있다. 여러 사람들이 개발한 API를 조합해서 새로운 앱을 개발할 수도 있다.

영어에 "Reinvent the wheel"이라는 말이 있다. 마차 바퀴가 이미 있는데 마차 바퀴를 개발할 필요가 없다는 말이다. 필요하면 API를 쓰면 된다. API의 활용은 개발 비용을 절감하고 생산성을 높일 수 있다. 잘 만들어진 API를 재사용하면 개발 비용이 줄어들고 개발 기간이 단축되어 앱을 금세 앱스토어에 등록할 수 있다. 영상 분석, 자연어 처리를 위한 인공지능 알고리즘은 매우 높은 정확도를 보여주는데 앞으로 더 성능이 좋아질 것이다. 필요한 알고리즘을 마차 바퀴처럼 가져다 쓰면 된다.

시간적 여유와 예산이 있다면 남들이 아직 개발하지 않은 인공지능 알고리즘을 개발하는 것이 현명하다. 4차 산업혁명 시대의 코딩 전략은 필요한 API를 찾아내서 그것을 결합하여 새로운 앱을 만들어내는 조합능력이다.

'히든 피겨스', 코딩에는 인종도, 한계도, 남녀도 없다

미국과 러시아의 보이지 않는 우주 개발 전쟁이 벌어지고 있던 시절, 천부적인 두뇌와 재능을 가진 여성들이 나사NASA 최초의 우주궤도 비행 프로젝트에 선발된다. 하지만 흑인이라는 이유로 사무실에서 800미터가 떨어진 유색인종 전용 화장실을 사용해야 하고 여자라는 이유로 중요한 회의에 참석할 수 없으며 공용 커피포트 사용조차 용납되지 않는 따가운 시선에 점점 지쳐간다.

한편, 우주궤도 비행 프로젝트는 난항을 겪게 되고, 해결방법은 오직 하나, 새로운 수학 공식을 찾아내는 것뿐이다. 천재성에는 인종이 없고, 강인함에는 남녀가 없으며, 용기에는 한계가 없다. 영화 '히든 피겨스'의 장면이다. 도로시는 나사에서 흑인 여성 최초로 그룹의 책임자가 된 인물이다. 도로시는 단순히 흑인의 인권을 위해 노력한 것이 아닌 여성의 지위 향상을 위해 노력했던 인물이다.

"계산원이 아무리 빠르게 계산을 해도 나사는 IBM 컴퓨터를 도입할 것이다."

이러한 변화를 감지한 도로시는 포트란을 공부한다. 또 자신과 함께 일하는 흑인 계산원들에게 IBM의 시대가 올 것이라며 프로그래밍 언어를 가르친다. 백인 계산원들은 구조조정이 자신들보다 흑인에게 먼저 닥칠 것이라는 생각에 별 생각이 없다. 결국 생존을 고민한 흑인 계산원들은 나사 IBM 전산실을 접수한다. IBM 장비를 들여 놓고도 사용할 줄 몰라서 쩔쩔매고 있을 때 도로시가 거대한 기계인 IBM 7090 데이터처리시스템을 작동시키는 장면이 나온다. 도로시는 도서관에서 포트란이라는 프로그램 책을 훔쳐서 자식들에게 말한다.

"포트란은 새로운 프로그램 언어로 프로그래머가 컴퓨터와 소통할 때 사용한다. 미래의 물결처럼 놀라운 기술이다."

또 그녀는 흑인 동료에게 IBM 7090 데이터처리시스템을 이렇게 설명한다.

"연산 속도는 곱셈 24,000개를 1초에 해."

"말도 안 돼. 빛의 속도잖아요."

"결국 나사는 사용할 거야. 그러니까 그때까지 프로그래밍을 익혀야지. 쫓겨나고 싶다면 안 해도 되고."

"아니에요."

도로시는 IBM 컴퓨터를 다룰 수 있는 포트란이라는 프로그래밍 언어를 먼저 시작해서 나사에 없어서는 안 될 포트란 전문가이자 전자 컴퓨팅의 선구자가 되었다.

그당시 IBM 7090 데이터처리시스템이 지금의 인공지능이 아닐까?

곧 컴퓨터가 주도할 미래를 읽고 미리 준비한 도로시처럼 위기는 곧 기회가 될 수 있다.

연결하고 연결하고 연결하라, 혼자 할 수 있는 일은 없다

고대 패권 국가였던 로마는 어떻게 붕괴 직전의 절망적인 상황 속에 처해 있는 포로들과 동맹국들의 충성을 이끌어낼 수 있었을까? 야만적인 유목민의 나라 몽골은 50년의 짧은 기간 동안 어떻게 전 세계를 제패할 수 있었을까? 이 해답은 바로 다양성과 관용이었다. 다양성과 관용은 강대국을 만들고 유지하는 데 꼭 필요한 조건이었다.

역사상 존재했던 세계 초강대국들은 저마다 다른 모습이었지만 적어도 그 시대의 기준으로 보면 절대적인 패권국가가 되기까지 모두 다원적이고 관용적인 나라들이었다.

강대국의 힘은 관용에서 시작되었다

로마 제국의 20대 황제 셉티미우스 세베루스는 로마 제국을 멸망의 위기로 몰아넣은 한니발의 나라 카르타고 출신이다. 그런데 로마는 카르타고 출신을 차별하지 않았다. 셉티미우스 세베루스처럼 능력 있는 인재는 출신과 관계없이 황제가 될 수 있었다.

로마는 건국 초부터 포로들조차 자신들과 동등한 시민들로 받아들였다. 그당시 가사 노예들은 요리를 하거나, 정원을 가꾸고, 집을 관리하거나, 아이를 돌보는 일을 했다. 이들에겐 10년간의 노예생활 후 자유가 주어졌다. 이들 남녀 누구나 자유민의 지위를 획득할 수 있었다. 이들의 자녀들도 로마 시민이 될 수 있었다. 해방된 노예의 자녀들에겐 자동적으로 시민권이 부여되었다. 로마에는 새로운 사람들을 포용하는 제도가 있었기에 가능했던 일이었다. 로마가 세계 제국으로 오랜 기간 유지할 수 있었던 비밀은 관용이었다.

1241년 몽골군의 침입에 대비해 외곽을 순찰하던 빈의 군대는 몽골군과의 국지전에서 몽골군 장교를 생포한다. 장교를 심문하던 유럽인들은 소스라치게 놀랐다. 그는 영국인이었다. 기록에 따르면 그는 영어뿐 아니라 아랍어, 몽골어를 할 줄 아는 지식인이었다. 그가 몽골군에 들어간 과정은 분명하지 않다. 하지만 몽골에 상당히 충성을 했던 것으로 보인다.

몽골인은 자신이 점령한 모든 나라 사람들을 활용했다. 몽골은 비록 전쟁에 패한 적이라도 능력 있는 인재를 받아들이고 평등하게 대우했다. 그래서 몽골 군대는 오직 몽골인으로 구성된 군대가 아니었다. 칭기스칸이 정복한 모든 나라의 포로가 참여한 연합군이었다. 초원의 가난한 유목민에 불과했던 몽골족을 세계에서 가장 앞선 전투력으로 무장시킨 힘은 관용이었다.

대한민국은 OECD 31개국 중 관용과 배려 점수는 최하위를 차지했다. 비즈니스 파워를 키우고 싶다면 주변 사람, 파트너, 팀원들에게 관용을 실천하라. 그런데 관용은 말처럼 실천하기 쉽지 않다. 프로젝트나 사업을 할 때 실천해보고 부족한 부분을 보완해서 다시 실천하다 보면 머리가 아닌 마음으로 상대를 대할 수 있을 것이다.

관계자본, 우리는 모두 연결되어 있다

예술가는 저 홀로 태어나고 존재하는 행성이 아니다. 자기의 궤도를 돌고 있으면서 서로 영향을 받는 별들이다. 같은 시대의 예술가는 물론이고 서로 다른 시대, 서로 다른 장르, 서로 다른 공간의 예술가도 서로 영향력을 주고받는다.

"모든 관계는 흔적을 남긴다." 릴케를 이야기하려면 로댕을 이야기해야 하고, 헤밍웨이를 이야기하려면 거트루드 스타인이 등장해야 한다. 에릭 사티의 음악을 들으려면 더불어 수잔 발라동의 그림을 보아야 하고 에드거 앨런 포의《검은 고양이》도 기억해야 한다. 예술가들은 그렇게 서로 연결되고 더 발전했다. 미국의 시인 겸 소설가 거트루드 스타인은 피카소와 마티스가 위대한 화가로 발돋움하도록 후원했으며, 신문기자 헤밍웨이를 소설가 헤밍웨이로 만들었다.

거트루드는 1903년 프랑스 파리에 입성해 살롱을 열었다. 많은 예술가들이 드나들었고 파블로 피카소도 그중 한 명이었다. 거트루드는 피카소의 가능성을 일찍부터 알아봤고, 피카소 또한 그녀의 예술적 열정을 가장 잘 이해했다. 피카소가 그린 거트루드의 초상을 보고 모든 이들이 닮지 않았다고 평가를 하자 피카소는 "결국엔 거트루드가 저 그림을 닮게 될 테니까 걱정하지 말라"라고 했다.

어니스트 헤밍웨이도 거트루드의 친구였다. 밤하늘의 별을 하나씩 바라보는 것과 몇 개의 별을 이어서 별자리를 만드는 것은 완연히 다른 일이다. 우리가 알고 있는 예술가들도 서로 돕고 함께 발전하며 거대한 물결을 이루었다.

관용이란 덕목이 얼마나 큰일을 할 수 있는지 김미라 작가의 책《예술가의 지도》에 잘 설명되어 있다. 거투루드 스타인은 예술가들이 재정적으로 힘들 때 도와주는 조력자가 되었다. 글을 쓰도록 후원하고 그림을 사주고 이런 일을 통해서 거장이 탄생하게 되었다. 피카소, 헤밍웨이는 아마도 거트루드 스타인이 없었다면 지금과 같은 반열에 오르지 못했을 것이다.

SNS 시대에 막대한 '관계자본'을 만들 수 있는 기업이 성공 기업이 될 확률이 높다. 그런데 이렇게 거대한 관계자본도 사용자의 일대일의 관계에서 시작된다. 모든 일의 시작은 사람과의 관계에서 시작되며 자신과 연결된 네트워크는 소중할 수밖에 없다. 거트루드 스타인은 노블레스 오블리주를 실천한 인물이다. 그녀는 자신이 가진 부와 역량을 보존하기보다 가능성 있는 사람들에게 나누어 기회를 만들어주었다. 위대한 예술가는 혼자서 만들어지는 것이 아니라 연결과 관계의 과정에서 만들어진다.

우리가 지켜주지 못한 민족화가 이중섭

1916년 평안남도 평원군에서 태어나 1956년 서울의 한 병원에서 사망한 이중섭의 40여 년 생애는 한국이 겪은 고통의 근현대사와 맞물린다. 한국전쟁 발발 직전에 형 이중석이 행방불명되고 이중섭은 그해 12월 6일 가족과 함께 월남하여 부산으로 내려왔다.

춥고 배고팠던 그의 피난 생활에서, 제주도 서귀포에서 보낸 반년 남짓한 생활은 잠시 끼어든 행복의 막간극 같은 것이었다. 이 시기에 그는 아이들과 바닷가에 나가서 게를 잡기도 하고, 아이들이 뛰노는 모습이나 서귀포의 풍경을 그림에 담아냈다. 그러나 아내와 두 아들은 일본으로 떠나게 되고, 이후 이중섭은 부산, 대구, 통영, 진주 등을 떠돌다가

서울로 올라오게 되었다.

　삶의 마지막 불꽃을 태우듯 그의 마지막 날들은 창작에 대한 집요한 열정과 처절한 고통 사이에서 빚어진 대결의 장이었다. 이중섭은 치열한 예술혼으로 시대의 고난과 개인의 상처를 극복하고 한국 근대미술의 선구자가 되었다. 이중섭의 작품에서는 대담하고 힘찬 터치, 역동적이고 단순한 형태, 선명하고 화려한 색이 두드러진다. 작품 속에 담겨있는 고향과 가족에 대한 애틋한 심정 그리고 전통적인 감수성은 그것을 보는 사람들의 마음에 아로새겨져 오랜 시간이 흘러도 내내 잊혀지지 않는 인상을 만들어내고 있다.

　이중섭은 힘든 상황 속에서도 미술을 놓지 않았다. 재료를 살 돈이 없을 만큼 생활고에 시달렸던 그는 은박지, 합판, 종이, 책의 속지 등 다양한 곳에 그림을 그렸다. 또한, 유화물감뿐만 아니라 연필, 크레파스, 철필, 못, 송곳 그리고 손톱 등 가능한 모든 수단을 동원하여 그림을 그렸다. 생활고가 가장 큰 원인이었지만, 한편으로는 그의 예술적 실험이었다는 의견도 있다.

　생활 속 다양한 재료를 이용해 예술을 행했던 이중섭의 예술세계는 현대에 와서 또 다른 가치로 평가받고 있다. 그런데 연필화와 은종이 그림을 비롯한 소묘들은 춘화라는 이유로 전시를 하지 못하거나 그림값을 떼이기도 했다. 시대적 굴곡으로 인해 인정받지 못한 예술성과 지속되는 생활고로 그는 결국 서울 적십자병원에서 무연고로 아사餓死

한다.

이중섭에게 거트루드 스타인과 같은 사람이 있었다면 어땠을까. 배고픔과 가족과의 이별로 힘들어했던 이중섭이 아닌 피카소와 헤밍웨이처럼 예술 활동을 했다면, 우리는 오랜 동안 이중섭의 작품을 더 많이 볼 수 있지 않았을까 하는 진한 아쉬움이 남는다. 그 당시 모든 이들이 겪은 시대적 아픔이라고 할 수도 있지만 아무리 뛰어난 예술가라도 혼자서는 성장할 수 없다. 거트루드 스타인처럼 개인과 사회적 배려가 있어야 위대한 예술가와 기업가가 태어날 수 있다.

왜 헝가리 부다페스트에 스티브 잡스의 동상이 있을까?

헝가리 부다페스트 그라피소프트 본사에 스티브 잡스의 동상이 있다는 사실을 알고 있는 사람은 많지 않을 것이다. 그라피소프트사는 건축 설계와 건설 정보를 관리하는 건축 캐드CAD 소프트웨어를 개발하는 회사다. 건축 캐드 소프트웨어 회사와 스티브 잡스가 언뜻 관계가 없을 것으로 보이지만, 스티브 잡스가 맥Mac 컴퓨터에 다양한 소프트웨어를 갖추기 위해 영업을 했는데 건축 캐드 소프트웨어도 포함되어 있었다.

스티브 잡스가 그라피소프트사에 개발을 의뢰했을 때는 그라피소프트사의 재정상태가 파산 직전까지 간 상황이었다. 이를 알게 된 스티브

그라피소프트 본사에 있는 스티브 잡스 동상

잡스는 미리 개발비를 지원했고 그라피소프트사는 극적으로 파산을 피할 수 있었다. 이를 통해 맥 사용자에게 건축 캐드 소프트웨어를 공급하여 성장할 수 있는 발판이 되었다. 그라피소프트사에게 스티브 잡스는 생명의 은인이었다. 스티브 잡스의 배려가 그라피소프트사가 세계적인 기업으로 성장할 수 있는 천금 같은 기회를 만들어주었다.

스티브 잡스의 영혼의 파트너 스티브 워즈니악

스티브 워즈니악은 애플 컴퓨터의 공동 창립자다. 그가 만든 애플Ⅰ는 초기 개인용 컴퓨터 중 하나이며 디스플레이어와 키보드가 달린 최초의 컴퓨터였다. 고등학교 선후배였던 두 스티브가 각자 500달러를 투자해 1975년에 애플을 세웠다. 지금의 애플이 탄생한 데는 잡스뿐만 아니라 또 다른 스티브의 역할도 무시할 수 없다.

잡스가 폴 매카트니라면 워즈니악은 존 레넌이라는 말이 있다. 음악적 재능이 뛰어났던 레넌의 작품을 상업적 이익과 연결시켰던 이가 매카트니였던 것처럼, 워즈니악의 머리에서 나온 기술을 상품화한 사람이 잡스였다는 얘기다. 워즈니악도, 잡스도 애플 신화를 위해선 꼭 필요한 사람들이었다. 워즈니악이 없었다면 오늘날의 잡스도, 애플도 없었겠지만 반대의 경우였다면 워즈니악 역시 'PC의 아버지'란 명성을 얻지 못했을 것이다. 잡스와 워즈니악은 서로의 장점을 잘 활용한 파트너십의 원형이다.

자신의 비전과 컨셉을 공유하고 공감할 수 있는 파트너를 찾아서 협력하고 상생할 수 있는 힘은 새로운 기회를 만들 수 있는 기반이 된다. 스티브 잡스와 스티브 워즈니악처럼 말이다.

스티브 잡스와 빌 게이츠, 진정한 프레너미

프레너미는 친구라는 뜻을 의미하는 프렌드friend와 적을 뜻하는 에너미enemy가 결합하여 만들어진 단어이다. 서로 도움을 주며 공동의 이익을 위해 손을 잡지만 나머지 한손은 서로를 밀어내기 위해 경쟁하는 관계를 뜻한다.

스티브 잡스와 빌 게이츠는 앙숙 중의 앙숙이었다. 맥Mac 운영체계 사용자 환경을 빌 게이츠가 베껴 윈도를 만들었다고 특허권 침해 소송을 했던 것이다. 스티브 잡스는 윈도가 출시되자 빌 게이츠에 전화를 걸어서 "당신의 머리를 날려버리겠다!"는 거친 말까지 했다.

그 이후 스티브 잡스가 자신이 만든 회사에서 쫓겨나서 다시 복귀한 애플은 재정상태가 파산직전까지 간 상태였다. 스티브 잡스는 빌 게이츠를 찾아가 윈도 특허권 침해소송을 취하하고 맥에서 MS 오피스가 작동할 수 있도록 프로그램을 개발하고 애플에 투자도 해달라는 제안을 했다. 빌 게이츠는 맥에서 기본 검색 브라우저로 MS 인터넷 익스플로러를 채택해달라고 했다. 빌 게이츠는 맥에서 쓸 수 있는 오피스를 개발하겠다고 약속을 하고 동시에 애플에 1억 5천만 달러를 투자한다. 비즈니스 라이벌이 이렇게 협력하는 모습이 국내 정서로 이해하기 힘든 일이다. 경쟁사를 합병이나 파산시키는 게 기업의 습성인데 대승적인 비즈니스 파트너의 배려로 볼 수밖에 없다.

공진화共進化, coevolution라는 말처럼 애플과 마이크로소프트는 상호관계를 통한 진화적 변화를 이끌어가며 글로벌 관점에서 지속성장이 가능한 빅 비즈니스를 만들었다.

조지 루카스, 주변 사람이 잘 되어야 내가 잘된다

조지 루카스는 미국의 영화 제작자이자 기업가이며 '스타워즈'와 '인디아나 존스' 시리즈 창작자로 유명하다. 그런데 조지 루카스도 대학을 졸업한 후 생활고로 정말 어려운 시절을 보낸 적이 있다.

조지 루카스는 '평이한 진실'이라는 제목의 인터뷰에서 대학 졸업 후 영화감독이 되기로 결심하고 샌프란시스코에 갔지만 아무도 영화제작 일을 주지 않아서 자잘한 아르바이트로 생계를 유지했다. 그러나 결국 부모와 친구에게도 돈을 빌리는 상황까지 가게 되었다. 조지 루카스는 도저히 가망이 없는 상황에서 혼자서는 살아남지 못할 거라 생각했다. 그래서 주변사람들과 뭉쳤다. 루카스에게 일이 들어오면 다른 사람의 일도 같이 알아봐주었다. 이렇게 협력하면서 누군가 성공하면 부분적으로 루카스의 성공이 되는 관계를 만들었다.

루카스가 말하는 성공은 주변의 자원을 착취하는 데서 비롯된 게 아니라 주변 모두를 얼마나 끌어올릴 수 있는지에서 비롯되었다고 말한다. 루카스는 모두의 성공이라는 관점에서 친구 한 명이 성공하면 모두가 성공하는 것이고, 그것이 성공의 열쇠라고 말한다. 행복을 위한 최

조지 루카스 진부한 진실

고의 방법은 다른 사람을 돕는 것이라고 덧붙였다.

필자도 조지 루카스 인터뷰에 공감한다. 주위 사람이 잘 되어야 나에게 기회가 생긴다. 직장 상사가 임원으로 승진하면 함께 일했던 사람에게 더 큰 기회가 찾아오게 된다. 주변에 함께 일하는 동료, 파트너, 고객을 일시적인 관계를 맺고 끝나는 타인으로 본다면 새로운 기회는 오지 않는다. 자신이 도울 수 있는 능력이 있다면 도와야 함께 성장할 수 있다. 다른 영역과 끊임없는 조합이 필요한 4차 산업혁명 시대에는 혼자할 수 있는 일은 없다.

천재의 시대는 끝났다

천체물리학의 대중화를 위해 노력하는 이종필 교수의 책《물리학 클래식》에는 피카소의 큐비즘 기원에 대해서 자세히 설명하고 있다. 아인슈타인의 상대성 이론은 현대과학뿐만 아니라 20세기 인류의 지성 전반에 엄청난 영향력을 미쳤는데 화가 파블로 피카소가 그 대표적인 예다.

다음 그림은 피카소의 대표작 중 하나인 '우는 여인'이다. 첫눈에 이 그림은 보통 사람들의 시선으로 본 세상이 아닌 것 같다. 대부분의 그림은 기본적으로 2차원 평면에 3차원의 대상을 표현한다. 그 때문에 대상의 모든 정보를 한 장의 그림에 담기는 불가능하다. 피카소는 이 한

피카소의 '우는 여인'

계를 뛰어넘으려고 했다. 그는 한 장의 그림을 그리기 위해 대상을 여러 각도에서 관찰하고 그 모습을 한꺼번에 표현했다. '우는 여인'에 서도 여인의 옆모습과 앞모습이 동시에 그려져 있다. 이런 표현 방식을 큐비즘, 혹은 입체파라고 한다.

화가들이 이런 시도를 하게 된 데에는 상대성 이론의 영향이 컸다. 상대성 이론에 따라 시공간을 다르게 보기 시작한 것이다. 약간의 예술적 상상을 가미해 우리가 대상을 바라보는 관점을 바꿔간다면 감춰진 천⊦의 얼굴을 볼 수도 있을 것이다.

아인슈타인은 1905년에 연속해서 3개의 논문을 발표했고 같은 해에 스위스 취리히 연방공과대학에서 박사 학위를 받는다. 그 세 가지 논문의 주제는 광양자 가설, 특수상대성 이론, 브라운 운동인데 이 세 편의 논문은 아이작 뉴턴으로 대표되던 근대의 물리학을 뒤엎으면서 천지개벽을 일으켰고, 그 각각의 논문은 현대 물리학의 주요 테마인 양자역학, 상대성 이론, 통계역학의 시초가 된다.

그러나 아인슈타인과 같은 천재의 시대는 20세기에 끝났다. 21세기는 뛰어난 한 사람의 천재가 아닌 수천 명과 소통하고 끈기 있게 연구할 수 있는 사람이 필요하다. 물리학은 인류가 반드시 풀어야 할 숙제를 나열한 타임라인이다. 점점 시간이 지날수록 풀어야 할 숙제가 한 사람의 천재가 풀기에는 너무 거대해졌다는 말이다.

힉스입자를 연구한 논문에는 저자가 3,000명이나 올라가 있다. 힉스입자를 연구하는 데 3,000명의 과학자들이 협력해서 결과를 만들어 낸 것이다. 실로 놀랍고 대단한 협력 작업이다. 20세기에는 몇몇의 천재들이 위대한 발견을 했다면 이제는 더 이상 몇몇 천재가 발견할 수 있는 이론이 없다는 것이다. 나올 만큼 나왔다는 말이다. 21세기 과학기술은 진정한 집단지성, 글로벌 프로젝트로 확장되고 있다. 혼자가 아닌 다양한 나라 사람과 소통하고 공유할 수 있는 역량이 필요한 이유다.

김영세, 디자인으로 세상을 연결하라

평창올림픽 성화대와 성화봉을 디자인한 김영세 대표는 대한민국 산업뿐만 아니라 학교에 빅디자인Big design을 알리는 데 노력하고 있다. 그는 거트루드 스타인처럼 노블리스 오블리주를 디자인으로 실천하고 있다. 김영세 대표의 디자인 철학은 이렇다.

"작은 아이디어라 할 수 있는 수많은 '점을 연결하는 선' 속에 혁신이 있다. 그리고 혁신의 단초가 되는 가장 작은 점은 문제를 바라보는 새로운 시각에서 시작된다. 아주 작은 티끌은 점이 되고, 선이 되고, 면이 되어 나를 둘러싼 커다란 창의력을 만든다."

김영세 대표에게 하나의 점은 디자인이고 이를 중심으로 혁신을 이어가고 있다. "우리는 디자인을 가장 잘한다. 우리가 디자인한 것을 가장 잘 생산할 수 있는 회사를 찾고 그렇게 생산된 제품을 가장 잘 유통할 수 있는 회사만 찾으면 된다. 그래서 우리는 두 개의 점만 연결하여 새로운 사업을 빠르게 만들 수 있다."

이런 비즈니스가 가능하게 된 것은 디자인을 중심으로 연결하는 네트워크의 힘 덕분이다. 김영세 대표는 기존에 없던 새로운 시장을 창조하고 싶고 제조업을 혁신하고 싶다면 디자인을 중심에 두고 비즈니스 모델을 만들어야 한다고 강조한다. 제품 하나 하나를 디자인하는 '스몰 디자인Small design'을 넘어 어떤 것을 만들고 소비자에게 필요한 것이 무엇인지부터 생각하는 '빅디자인Big design'이 중요하다는 말이다. 스몰 디자인은 흔히 생각하는 제품, 인테리어 등에 사용하는 개념이다. 반면에 빅디자인은 작은 디자인이 모여 새로운 비즈니스 모델을 창출하는 빅픽처Big picture다.

'상상하고, 창조하고, 협업하라'는 빅디자인의 3단계 프로세스다. 사용자 입장에서 미래를 상상하고, 사용자를 위한 새로운 제품이나 서비스를 창조하며, 제조사와 유통사 등 다른 기업과 협업하라는 의미다.

내가 반드시 모든 것을 가지고 있어야 한다는 생각은 버려야 한다. 내가 꼭 가지고 있어야 할 역량과 필요할 때 파트너로부터 받을 대상을 구분해야 한다. 내가 가장 잘할 수 있는 역량은 뭐가 있을까? 남보다 잘할 수 있는 나만의 역량이 있어야 협업이 가능하며 새로운 기회를 만들 수 있다. 글로벌 네트워크에 접속해서 새로운 기회를 만들기 위한 점 Dot을 준비해야 한다. 개인에게 점은 자신만의 역량이며 기업에게는 제품과 서비스가 된다.

심슨가족은 플랫폼이다

최고 인기를 누리고 있는 심슨 가족은 미국사회와 국제정세를 풍자하는 대표 성인용 애니메이션이다. 1987년부터 방송되었으니 나름 역사가 깊다. 심슨가족 제작자가 국제콘텐츠컨퍼런스DICON 2014 발표에서 "심슨가족은 플랫폼이다"라는 말을 하였다. 매우 인상적인 설명이었다. 심슨가족은 50명의 작가가 참여해서 시나리오 작업을 하며 작가는 미국에만 있는 것이 아니라 아시아, 유럽에도 있다. 하지만 아쉽게도 한국에는 없다.

심슨가족은 소셜 분석과 트렌드 분석을 해서 시청자와 공감할 수 있는 시나리오를 만든다. 또한 작가를 지원하기 위해서 별도 10명의 보조도 있는데 자료를 검색하고 시나리오를 취합하는 일을 한다. 이처럼 세계 여러 사람들이 커뮤니케이션하고 협력해서 심슨가족이 만들어진다. 심슨가족은 글로벌 네트워크에 연결된 프로젝트다. 세계인이 공감할 수 있는 스토리의 힘이 심슨가족의 경쟁력이다. 심슨가족 플랫폼에 세계 사람들의 생각이 많이 연결될수록 심슨가족 애니메이션은 절대 끝나지 않을 것이다.

연결하는 힘의 시작은 리더십이다

교수법의 권위자인 숙명여대 조벽 교수는 인성 교육을 강조한다. 인성 교육은 자기 조율, 관계 조율, 공익 조율을 배우는 과정이며 이를 삼율이라고 말한다. 인성 교육의 목적을 '남과 더불어 행복하게 사는 것'이라고 한다. 협력 시대, 한 명의 천재보다 집단 지성을 강조하는 요즘 시대에 꼭 맞는 이야기다.

인성교육은 국·영·수 위에 올려 쌓을 또 하나의 지식이 아니라, 지식의 빈틈과 아이의 영혼을 채우는 양식이 되어야 한다. 인재들의 협업과 융합이 날로 중요해지는 시대에 함께 일하는 사람들과 끊임없이 소통·교류하고, 보다 넓은 세상을 품는 능력이 무엇보다 중요하다.

모든 인간관계에는 갈등이 존재하는데 이러한 갈등을 잘 조율해야 구성원 모두가 윈윈하는 집단의 지성과 힘을 발휘할 수 있다. 스스로 안정되고 긍정적인 태도를 가져야 남의 말을 경청하고, 공감하고, 소통하고, 배려할 수 있다. 긍정적인 성향의 아이는 인간관계에서도 긍정성을 발휘한다고 말한다.

훌륭한 인성은 하루아침에 생기지 않고 하루하루 긍정이 모여지고 축적되어 가는 과정이다. 긍정적인 인성은 매우 중요하다. 어려움에 처했을 때 다시 일어날 수 있는 복원력이 만들어지는 원천이기 때문이다. 여기서 부모의 역할이 중요하다. 그동안 부모가 경험한 지혜를 아이들에게 공유하는 과정이 필요하다. 가정에서 인생의 가치와 현명한 처세를 가르치는 노력이 필요하며 본받을 롤모델과 멘토를 찾기 위한 노력을 해야 한다.

애플 직원들은 잡스의 미래에 대한 비전과 완벽주의를 높이 평가했지만, 그의 밉살스러운 면에는 고개를 절레절레 흔들었다. 잡스는 고위직 간부와 평사원을 가리지 않고 많은 사람들에게 미운털이 박혀 있었다. 매킨토시 프로젝트의 아이디어를 맨 처음 냈던 제프 라스킨마저 잡스와는 도저히 일을 함께 할 수 없는 11가지 이유를 댔으며, 결국 애플을 떠나고 말았다.

이 11가지 이유 중 세 번째 이유는 "당연히 인정해야 하는 공로를 인정하지 않았다"는 것이고 네 번째 이유는 "인신공격을 자주한다", 열 번째 이유는 "무책임하고 경솔하다"였다. 결국 잡스는 본인이 영입한 펩시 CEO 출신인 스컬리로부터 자신이 만든 회사에서 쫓겨나는 신세가 되었던 적도 있었다. 애플 직원들이 잡스와 함께 회사 엘리베이터를 타는 것을 피할 정도로 괴팍스러웠지만 잡스는 자신이 할 수 있는 일과 할 수 없는 일을 구분하여 일을 맡기고 신임했다. 독불장군식으로 밀어붙일 때를 알고 자신의 생각을 함께할 사람을 현명하게 기용했기에 잡스의 사후에도 애플은 건재한 것이다.

사람의 인성은 사람들과 일을 할 때 리더십의 모습으로 나타나게 된다. 리더십은 동전의 양면 같아서 강하면 불통의 리더십으로 평가되고 약하면 유약하고 추진력이 없는 리더십으로 평가된다. 리더십의 최종은 성공된 리더십만 기록되고 공유된다. 리더십은 일종의 예술이며 끊임없는 연습과 자기반성에서 발전되고 성숙된다. 성공한 리더십 사례를 분석하고 멘토나 시니어와 상의해 이를 나에 맞게 재정의하고 실행하는 리더십의 원칙을 세워야 한다. 리더십은 사람들과 관계를 통해서 성숙되는 대상이지 완결의 대상이 아니다.

다음은 중용 23장 구절의 말이다.

"작은 일도 무시하지 않고 최선을 다해야 한다. 작은 일에도 최선을 다하면 정성스럽게 된다. 정성스럽게 되면 겉에 배어 나오고 겉에 배어 나오면 겉으로 드러나고 겉으로 드러나면 이내 밝아지고 밝아지면 남을 감동시키고 남을 감동시키면 이내 변하게 되고 변하면 생육된다. 그러니 오직 세상에서 지극히 정성을 다하는 사람만이 나와 세상을 변하게 할 수 있는 것이다."

리더는 외롭다. 새로운 것을 할 때 주변에서 많은 말들도 생긴다. 이런 말들이 리더를 힘들게 한다. 모두는 아니지만 일부는 변하기 싫어한다. 그래서 함께 일하기 어렵다. 이 때문에 포기하고 싶은 마음이 들 때도 있다. 모두 아니라고 말해도 '예'라고 말할 수 있는 의지와 자신감이 필요하다. 이때 중용 23장은 일관된 자신의 모습을 보여주기 위한 용기의 글이다. 리더십은 참을성과 지구력이 필요하다.

커뮤니케이션 기술을
확보하라

평창올림픽 PT에서 나승연은 잠재력, 기회 그리고 희망에 대한 주제로 프리젠테이션을 했다. 나승연의 PT에는 논리, 설득, 신뢰 그리고 진심이 담겼으며 기승전결이 매끄럽게 정리된 발표였다. 먼저 1924년부터 시작된 21번의 동계올림픽 중에서 19번은 서구 동계 스포츠 강국에서 개최되었고 단 2번만이 아시아에서 열렸는데 한국에서는 단 한 번도 개최된 적이 없음을 말하면서 아시아의 소외를 지적하고 기회를 강조한다. 단지 소외된 지역을 위한 기회를 말하는 것이 아니라 꿈과 잠재력을 넓힐 수 있는 계기가 될 것이라고 말한다.

　필자는 나승연이 프랑스어로 발표하는 모습에서 유럽 IOC 위원들의 마음을 확실히 사로잡았다고 생각한다. 언어의 위대함이 느껴지는 순간이다. 88올림픽이 가져다준 경제적 성공과 스포츠가 주는 감동이 이념을 초월할 수 있다는 사례를 말하고 김연아를 통해서 전세계 청소년들에게 꿈과 희망을 주고 있다는 구체적인 사례를 제시한다. 나승연은 '소명의식'이란 말을 하면서 겸손하지만 절실함을 말한다. 아시아 지역의 청소년들이 동계올림픽에서 꿈을 이루기 위해서 노력하는 영상을 보여주는 등 동계올림픽의 소외된 아시아를 부각하고 평창의 당위성을 언급하는 인터뷰를 보여주면서 PT가 마무리된다.

나승연의 PT는 철저히 준비된 기획서이며 프랑스어로 말하는 반전도 있었다. 또 동영상을 활용하여 시각적 효과를 극대화시켰다. 프레젠테이션은 이처럼 새로운 기회를 만드는 데 중요한 역할을 한다. PT는 처음부터 잘할 수 없다. 사전에 발표 스크립트를 만들고 거울을 보고 연습하고 가족 앞에서 발표해보라. 가족이 청중이라고 생각하고 사전 연습을 하는 것이다. PT는 연설이 아니다. 연단에서 좌, 우로 청중과 눈을 맞추며 교감해야 한다.

필자도 첫 PT를 할 때 속사포처럼 말을 한 적이 있다. 그만큼 긴장을 했고 청중의 시선에 두려움을 느꼈기 때문이었다. 정말 두려워서 준비한 말 이외에 할 수 있는 것이 전혀 없었다. 그때는 청중과 눈을 맞출 여유도 용기도 없었다. 지금 생각하면 웃음이 나오지만 그 당시에는 꽤나 심각했던 기억이 난다. 이를 극복하려면 연습을 많이 해야 한다. 한 번이 어렵지 청중과의 아이 콘택트Eye Contact에 자신감이 생기면 그 다음부터는 일사천리다. 재미있는 유머로 PT을 시작하는 것도 무거운 분위기를 누그러뜨리는 데 도움이 될 것이다. 가장 중요한 것은 PT에서 마무리를 할 때 자신이 강조하고 싶은 말로 정리를 하는 것이다. 자신의 PT를 대표하는 결어를 생각해두어야 한다.

나승연 평창 프레젠테이션

영어는 뜻밖의 기회를 가져다준다

영어 교육자 이보영 씨가 영어를 잘할 수 있는 방법을 소개한 적이 있는데 영어로 자기소개서를 작성해서 외우고 말하는 연습을 반복하라는 것이었다. 영어 학원을 다니더라도 자신을 소개하는 스토리를 미리 준비하고 반복해서 말하는 것이 필요하다. 한국이 싱가포르처럼 영어가 공용어가 아니라서 영어로 말할 수 있는 기회가 많지 않다. 그러나 말할수록 표현력이 좋아지게 되어 잘하게 된다.

필자도 일주일에 3번씩 미국인 영어 선생과 전화 영어를 한다. 여기서 중요한 것은 주제를 정해서 대화를 이끌어가는 것이다. 필자의 경우 전화 영어가 있는 날에는 오늘 했던 일을 미리 준비해서 말하면 자연스럽게 내용이 다양해지고 질문할 거리나 다른 생각이 더해져서 표현력이 풍부해진다. 영어의 핵심은 자신만의 스토리를 만들어낼 수 있느냐다.

영어는 뜻밖의 기회를 만들어주는 마력도 있다. 반기문 전 유엔사무총장은 1962년 충북 충주고 3학년 때 국제적십자 비스타 프로그램의 한국 대표로 선발돼 미국 워싱턴에서 존 F. 케네디 대통령을 만날 수 있었다. 반 사무총장은 평소 관심 있는 주제에 대해서 영작을 했다고 한다. 한 번은 김치 담그는 방법을 영어로 써봤는데 마침 시험에 김치 담그는 방법을 영작하는 문제가 나왔다고 한다. 당연히 반기문 전 사무총장은 존 F. 케네디를 만날 수 있었다.

마윈은 영어를 배우고 싶은 열망에 매일 아침 자전거를 타고 호텔에 가서 외국인들과 영어로 대화를 했다. 덕분에 수준급의 영어 실력을 갖추게 된 마윈 회장은 관광 통역을 하다가 야후 창업주 제리 양을 만나게 되었는데 제리 양은 관광이 끝나고 마윈에게 미국에 오게 되면 꼭 연락하라는 말을 한다. 이후 마윈은 사업계획서를 준비해서 제리 양을 찾아갔고 알리바바를 창업할 수 있는 투자 지원을 받을 수 있었다.

만약에 마윈이 영어에 관심이 없었다면 야후의 창업주를 만날 수 있었을까? 어학은 이처럼 세상과 세상을 연결하는 중요한 커뮤니케이션 도구이며 사람을 사귀고 문화를 배우고 새로운 기회를 만날 수 있게 한다. 제리 양은 소프트뱅크 손정의 회장과도 친분이 있었는데 마윈을 손

회장에게 소개해서 지금의 알리바바를 있게 하는 데 결정적인 역할을 한다.

강경화 장관이 미8군을 방문했을 때 'Polish^{광을 내다}'와 'Second to NONE^{무적}'이라는 표현을 썼다. 이는 일요일임에도 대한민국의 외교부 장관이 방문하는 데 말끔히 부대를 청소해주었던 배려에 감사하고 군의 사기를 높일 수 있는 '무적'이라는 단어를 사용해서 양국의 동맹에 대한 친밀도를 높인 것이다.

중간에 통역을 쓰면 아무래도 중간 중간 단절이 생겨서 온전한 마음의 전달은 어렵다. 요즘에는 구글, 네이버, 마이크로소프트 등에서 인공지능 기반의 번역 서비스를 제공하고 있다. 앱으로 다운로드받아서 노트북, 스마트폰에서 편리하게 사용할 수 있다. 아직은 완벽하지는 않으나 필자는 해외 파트너와 장문의 이메일을 보내거나 번역할 때 자주 사용한다. 하나의 문장을 구글, 네이버, 마이크로소프트에서 각각 번역한 후 내용을 상호 비교하는 것도 의미나 뉘앙스의 차이를 볼 수 있어서 사용을 권한다.

앞으로 인공지능이 더 발전해서 외국어를 배울 필요가 없다는 말도 하는데, 인공지능 번역기가 상황에 따라 미묘한 의미를 해석할 수 있더라도 하나 정도의 언어는 배워야 한다. 그것이 영어든 중국어든 스페인어든 프랑스어든 사업을 하다보면 원어민 수준이 아니더라도 자신의 마음을 직접 전하는 것과 중간에 번역기를 통해서 전하는 것은 결코 같을 수 없다. 하지만 전문 통역사나 번역가는 인공지능 번역에 대해서 관심을 가질 필요가 있다. 인공지능 번역 수준이 높아짐에 따라 기업은 비용절감을 위해서 각종 회의에 인공지능 번역 기능을 활용할 수도 있다. 그렇게 되면 자연히 일이 줄어들게 된다. 필자는 인공지능 번역기와 EBS 어학 프로그램이 어학학습에 있어 최상의 조합으로 생각한다.

강경화 장관 미2사단 연설

전인지, LPGA 우승보다 영어 인터뷰가 더 어렵다

LPGA선수들에게 영어는 또 다른 도전이다. 전인지 선수는 신인상 수상소감을 영어로 하면서 주변 사람들을 놀라게 했는데 LPGA 진출을 위해서 영어 공부에 매진했다고 한다. 실제 신인상 소감에서 쓸 멘트를 100번 넘게 입으로 외웠다고 한다. 전인지 선수는 시상식에서 "신인상 소감 준비가 챔피언퍼트보다 어렵다"고 했다. LPGA에서 골프 실력도 중요하지만, 미국 언론과 인터뷰를 위해서 영어 공부가 필수적이다.

선수가 영어를 할 수 있다는 것은 외국에서 성공하는 데 있어 필수

요소다. 한국선수들이 LPGA에서 극복해야 할 것 중에는 협회, 언론과의 소통도 포함되어 있다. 미국 언론도 영어를 쓰는 선수에게 훨씬 더 우호적이다. 미국 AP통신은 LPGA투어에서 한국 선수들이 유창한 영어를 구사할 때면 "한국 선수들의 노력이 더욱 인상 깊게 보인다"고 보도했다. 맨체스터 유나이티드 감독인 무리뉴가 명장이 될 수 있었던 것도 선수와 직접 대화해 마음을 나눴고 그 선수가 능력을 최대한 발휘할 수 있게 하고 언어장벽으로 팀워크를 해치는 일이 없도록 조정했기 때문이다.

무리뉴는 6개 국어가 가능했는데 세계적인 선수가 모이는 클럽 팀에서도 6개 국어 안에서 소통이 불가능한 선수는 없었을 것이다. 그만큼 커뮤니케이션 역량은 자신 마음을 전달할 수 있고 사람들과 공감하고 함께 협력할 수 있는 중요한 수단이다. 축구든, 야구든, 농구든, 배구든 혼자서 하는 스포츠는 없다. 골프도 마찬가지다. 캐디와 소통해야 하고 갤러리와도 소통해야 하고 미디어와도 소통해야 한다.

박지성 선수도 "말을 해야만 동료들과 대화를 할 수 있고, 생각을 전할 수 있다. 겸손이 아시아인의 미덕이지만, 유럽에서는 자기주장을 못하면 살아남을 수 없다"라면서 "통역을 통하면 미묘한 뉘앙스를 전하기 어렵고 동료, 감독과의 거리도 좁혀지지 않는다. 문법과 단어가 틀려도 마음은 전해진다. 앞으로 유럽에 올 선수에게는 언어를 마스터하라고 말하고 싶다"라고 말한다.

영어는 세계인이 가장 많이 사용하는 언어다. 원어민처럼은 아니더라도 자신의 마음을 잘 전달할 수 있는 능력은 반드시 갖추어야 한다. 클라우드로 연결된 세상에서는 특히 중요하다.

THE FOURTH
INDUSTRIAL
REVOLUTION

CHAPTER 3

미래를 보고
현실을
기획하라

증강지능,
사람과 로봇의 공존을 말하다

1997년 '체스왕' 게리 카스파로프는 IBM의 100만 달러짜리 슈퍼컴퓨터 딥 블루Deep Blue와의 체스 게임에서 지고 말았다. 당시 이 결과는 엄청난 뉴스였다. 체스 마니아 사이에서도 수많은 토론이 이뤄졌다. 잘 알려지지 않은 사실이지만, 토론 결과 체스 게임에 있어서 지구상 최고수는 컴퓨터도 인간도 아니었다. 컴퓨터와 인간이 한 팀을 이뤘을 때 최고의 기량을 발휘했다고 한다.

이세돌 9단과 알파고와의 대국에 대해 구글은 이렇게 평했다.

"인공지능이 인간에 승리하면서 바둑이 쇠락의 길을 걷지 않을까 하는 우려의 목소리도 있었지만, 알파고의 승리는 오히려 인간 기사들이 더욱 강력하고 창의적인 전략을 개발하는 계기가 됐다. 프로와 아마추어 기사들이 알파고의 혁신적인 수들을 하나하나 자세히 살펴보고, 이를 통해 역사상 가장 많은 연구가 이루어진 게임으로 알려진 바둑에 대한 새로운 지식과 전략을 배우고 있는 것이다."

구글의 평가처럼 기계와 경쟁이 아닌 서로 발전하고 공존하는 모습도 그릴 수 있다. 사람의 일을 똑똑한 기계가 대체하는 현상에서 IBM은 인공지능을 증강지능으로 새롭게 정의하고 있다. IBM은 인공지능이 사람을 대체하는 것이 아니라 사람의 능력을 확장시키고 있다고 말한다. IBM의 인공지능 왓슨을 종양학에 활용하면 암 전문의는 환자 기록을 실시간으로 받을 수 있다. 현재까지 왓슨은 약 2,600만 건의 의학과 과학 논문들을 완전히 습득했다. 의대에서 전문의가 되기 위해서는 방대한 학습을 해야 한다. 새로운 치료 사례를 분석해서 활용하는 일에 인공지능은 의사를 대체하는 것이 아니라 의사 능력을 발전시키는 데 도움을 주는 기계인 것이다.

이제 의사에게 여유를 가질 수 있는 시간을 돌려주어야 한다. 환자에게도 피곤한 의사가 아닌 건강하고 활기찬 의사가 더 좋을 것이다. 방대한 치료 사례와 의료 영상자료 분석은 사람보다는 인공지능이 대신하는 것이 효율적이고 생산성도 높다. 의사에게 증상을 분석해서 이전보다 빠르게 최선의 수술 방법을 결정하고 단축된 시간은 환자와 친밀도 높은 치료 상담과 같은 감성·공감 치료에 더 많은 시간을 집중할 수 있게 될 것이다.

IBM의 왓슨은 단 한 종류의 왓슨만이 존재하는 게 아니다. 종양학 전문 왓슨이 있는가 하면 방사선학 전문 왓슨도 있다. 또한 내분비학, 법학, 세금, 소비자 서비스 등 다양한 왓슨들이 있다.

가까운 미래에는 개인이 몇 개의 로봇을 소유하는가에 따라 부의 기준이 달라질 것이다. 자신이 하는 일을 인공지능 로봇으로 대신하게 한다면, 그것도 하나가 아닌 여러 개를 가지고 있다면 그 사람의 능력과 생산성은 기하급수적으로 증가할 것이다.

영화 '인터스텔라'에서 주인공 쿠퍼는 위기의 순간에 로봇 타스의 도움으로 인듀어런스호 도킹에 성공한다. 또 극적으로 사랑하는 딸과 만난 후 쿠퍼가 브랜드 박사를 찾으러 떠날 때 함께 우주선에 타 있는 타스의 모습을 볼 수 있다. 필자는 인간과 로봇이 경쟁이 아닌 타스처럼 인간을 도와주는 모습을 기대한다.

필자가 쓰고 있는 시나리오가 있는데, 미래 사회에 대한 이야기다. 곧 몇 대의 고도화된 로봇을 가지고 있느냐가 사회적 지위와 부를 상징하고 개인들이 로봇을 소유하는 시대가 될 것이다. 로봇이 그 사람의 개성을 나타내게 된다. 자신이 원하는 디자인을 하고 3D 프린팅과 코딩을 해서 자신만의 로봇을 가질 수 있다. 착한 로봇이 있는 반면에 나쁜 로봇이 존재하게 되어 종종 다툼과 싸움이 일어난다. 고도화된 정보의 집중과 기술의 발전으로 국가는 여러 곳에서 한계를 드러낸다는 것이 대략의 줄거리다.

　사회제도의 변화 속도는 과학 기술을 따라가기도 벅차다. 애플, 구글, 아마존, 페이스북, IBM, 마이크로소프트가 전세계의 개인정보를 수집하고 필터링하고 심리상태와 기호에 따라 정보를 제공하는 사이버 국가가 존재하는데 이를 빅식스Big 6라고 한다. 많은 사람들이 빅식스에서 제공하는 정보에 의존하여 빅식스가 곧 그들의 생활이 된다. 빅식스에 따라 개인의 삶이 조정되고 중독되어간다. 개인의 독자적인 판단과 자주성은 점점 상실하게 된다.

　무서운 것은 사람들은 빅식스에게서 심리적 안정과 편안함을 느낀다는 것이다. 사람들이 빅식스의 최신 과학 기술로 자신을 보호할 수 있고 안정적인 삶을 보장받기 때문이다. 이제는 기계와 로봇이 곧 그 사람의 재화 창출의 원동력이 되어간다. 땅을 갖고 고도화된 로봇을 보유한 사람이 신흥 부자로 자리잡게 될 것이다. 고도화된 정보를 획득하고 활용할 수 있는 능력과 자신만의 로봇을 만들 수 있는 역량의 소유가 사람들의 미래를 결정한다.

　사람들은 빅식스의 시민권을 얻기 위해서 끊임없이 자신의 정보를 올리고 주변의 정보를 경쟁적으로 올리고 또 올린다. 사람들은 자신이 올린 정보의 양과 질에 따라 빅식스로부터 시민등급을 받는다. 사람들은 시민권을 얻기 위해서 해킹과 불법을 자행한다. 빅식스에서 나오는 정보를 기반으로 아이를 낳고 키우고 생활하기를 갈망하고 현 국가체

제에서는 교육, 사회 안전, 직업을 보장할 수 없어 더욱 빅식스에 의존하게 된다. 국가 시스템과 권력은 빅식스에 의해서 서서히 힘을 잃어간다.

앞으로 고도화된 기술과 정보를 자유자재로 다룰 수 있는 사람과 그러지 못한 사람의 격차는 상상할 수 없을 만큼 거대해질 것이다. 정보와 기술을 가진 자와 못가진 자의 차별과 다툼이 사회문제가 될 것이다. 그러나 분쟁과 갈등에서 최종 승자는 정보와 기술을 가진 자의 것이 된다. 정보와 기술을 못 가진 자들은 살기 힘든 척박한 지역으로 쫓겨나거나 정보와 기술을 가진 자와 그들의 로봇을 시중드는 노예와 같은 상태가 된다.

상위 10%가 로봇을 지배하고 나머지 90%의 사람들은 로봇의 경쟁자가 될 것이다. 기계가 발전할수록 인간의 설 자리는 점점 줄어든다. 정보기술에 취약한 사람들은 더욱 더 가난하게 되고 생존권마저 심각하게 위협받는다.

시나리오의 끝은 해피엔딩은 아니다. 하지만 우리가 똑똑한 로봇을 어떻게 활용할지는 사람에게 달려 있다. 당연히 기술은 지금보다 더 행복한 세상을 만드는 데 사용해야 하며 기술이 주도하는 사회에서 사람이 중심이 될 수 있도록 현재의 시스템을 개조해야 한다. 이를 위한 해결책은 개인으로부터 시작해서 가족, 지역 사회 그리고 국가로 확대되어야 하며 실행 방안을 만들어 실천해야, 사회 시스템이 진정 사람의 미래를 위한 시스템으로 변화될 것이다.

당신의 IT 응용지수는
얼마인가?

IT기술을 스마트하게 활용하는 역량을 키워나가기 위해서 IQ나 EQ처럼 'IT 응용지수'도 있어야 한다. 디자인, 3D 프린팅, 코딩, 클라우드 등의 분석도구를 활용할 수 있는 능력을 말한다.

좀 더 세분화해서 연령대별로 설명하면 초등학생, 중·고등학생은 디자인, 3D 프린팅 그리고 코딩을 배우고 협력·공유하는 활동이 필요하다. 디자인은 3D 모델링 소프트웨어를 활용하여 도형이나 나사, 바퀴를 디자인하고 질감을 바꾸고 색을 입히는 과정을 통해서 공간감각을 키울 수 있다. 더 나아가서 코딩을 해서 움직이는 애니메이션으로 구현한다. 애니메이션은 바퀴가 굴러가게 하거나 충돌하게 하는 과정을 보여주게 된다. 이런 과정을 통해 물리학, 역학, 수학이 코딩에 자연스럽게 녹아들어가게 된다.

3D 프린팅은 디자인된 나사, 바퀴를 프린팅하여 컴퓨터에 가상으로 존재하는 나사, 바퀴를 실제로 만져볼 수 있게 한다. 중·고등학생부터는 클라우드 기반에서 코딩과 분석도구를 활용할 수 있어야 한다. 구글, 페이스북, 트위터, 유튜브, 핀터레스트 등 소셜 네트워크 서비스로부터 여러 관점으로 트렌드 분석이 가능하다. 공통적인 사항이 있는데 그것은 어학이다. 모국어 말고도 영어든 중국어든 최소한 한 가지는 해야 한다.

IT 응용지수는 어린 나이에서부터 관심을 가지고 시작해야 하며 학과목과 연계해서 교육한다면 학년이 올라갈수록 자연스럽게 높은 수준의 IT 응용지수를 가지게 될 것이다. 급하게 할 것도 아니지만 너무 늦게 시작해도 안 된다.

최소한 확보해야 할 IT 응용지수는 디자인, 코딩, 클라우드 활용 그리고 영어 커뮤니케이션이다. 지역 사회와 학교는 아이들이 IT 응용지수를 키울 수 있도록 디자인, 3D 프린팅, 코딩 그리고 클라우드 환경을 통합적으로 경험할 수 있는 공간을 지역과 학교에 만들어야 한다.

4차 산업혁명의
6가지 코드와 메커니즘

4차 산업혁명 시대, 기술 중심 사회에서 우리는 '디자인과 코딩'을 연결한 엔진을 확보해야 한다. 코딩과 디자인은 도구의 성격이 강하다. 프로그래밍 언어를 이용하여 코딩을 하고 디자인 소프트웨어를 이용하여 이미지를 만드는 과정은 방법과 절차를 파악하는 숙련도와 관계가 있다. 우리가 나무로 가구를 만들기 전에 필요한 도구의 사용법을 배우는 것과 같다. 유명한 셰프도 음식 재료를 정리하고 다듬는 법부터 배운다.

도구의 사용법을 익힌 후 요리를 하거나 가구를 만들기 위해서는 아이디어가 있어야 한다. 내가 무엇을 할 것인지, 기존의 것과 다른 감동

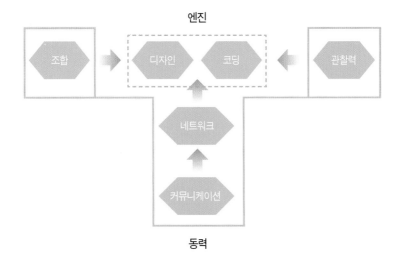

4차 산업혁명 6가지 코드와 작동 메커니즘

을 주기 위한 자신만의 레시피가 필요하다.

　세계 3대 디자이너 카림 라시드는 포옹하는 형상의 소금·후추통을 만들어 230억 매출을 일궈냈다. 카림 라시드가 상업적으로 성공한 디자이너가 된 것처럼 새로운 컨셉과 아이디어가 '코딩과 디자인' 엔진에 동력을 만들어내는 연료가 돼야 한다. 아이디어 연료가 들어가지 않으면 그동안 숙달한 '코딩과 디자인' 기술은 점점 희미하게 될 것이다. 사용하지 않은 엔진이 녹이 스는 것처럼 말이다. '디자인과 코딩' 엔진이 동력을 계속해서 유지하기 위해서는 아이디어와 컨셉을 만들어내는 관찰과 조합이 필요하다.

자신만의 '코딩과 디자인' 엔진을 갖고 여러 사람들과 협력해서 함께 새로운 기회를 만들고 일을 한다면 더 큰 성과를 낼 수 있다. 연결 범위에 따라 세계 사람들과 새로운 비즈니스와 프로젝트를 함께 할 수 있다. 세계 여러 사람들과 일하기 위해서 자신의 장점과 생각하는 것을 잘 설명해서 공감대와 협력을 이끌어내야 한다. 이를 위해서 감동을 자아내는 스토리텔링이 필요하다. 자신의 기획서를 설명하고 함께 일하고자 하는 열정을 전달할 수 있는 커뮤니케이션 역량도 필요하다.

다원적 융합, 사업간 융합 시대인 4차 산업혁명에서 혼자서 할 수 있는 일은 없다. 자신만의 엔진과 새로운 아이디어를 만들어내는 관찰과 조합 그리고 세계의 사람들과 연결된 네트워크에서 비즈니스와 프로젝트를 이끄는 커뮤니케이션 능력이 4차 산업혁명 6가지 코드와 메커니즘이다.

부모들은 학교 수업과 방과 후 수업을 통해 4차 산업혁명에서 필요한 6가지 코드를 키울 수 있도록 학습 전략을 세워야 한다. 단지 수업을 따라가는 것이 아니라 이 과목을 통해서 얻고자 하는 것을 정의해서 4차 산업혁명의 6가지 코드와 연결하는 시도가 필요하다. 가정뿐만 아니라 국가와 지자체에서도 '디자인과 코딩' 엔진을 개발할 수 있는 환경을 지원해야 한다.

왼발은 코딩
오른발은 디자인

지금 우리가 누리고 있는 생활의 편리함은 대부분 기술과 연계되어 있다. 버스를 타기 위해, 전철을 타기 위해, 커뮤니케이션을 위해, 은행거래를 위해, 정보를 검색하기 위한 모든 과정이 코딩을 통해 만들어진 시스템이다. 스마트폰에 설치하는 앱도 시스템이다. 아마존에서 상품을 검색하고 결제를 해서 주문을 하는 일련의 과정 또한 시스템이다. 상품을 검색하는 것, 결제를 하는 것, 주문을 하는 것은 기능이며 이런 기능이 모여서 시스템이 된다.

　기능은 화면과 하나의 쌍을 이룬다. 우리가 상품 검색 기능을 사용하기 위해서는 화면을 통해서 원하는 상품명을 입력하고 검색 버튼을 클

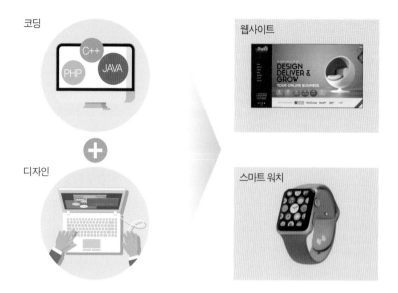

코딩

디자인

웹사이트

스마트 워치

디자인과 코딩의 관계와 역할

릭해서 상품을 찾는다.

　그런데 인터넷 쇼핑몰에서 주문을 위해서 상품을 검색하고 배송정
보를 입력하고 결제를 하는 과정이 복잡하고 불편하면 아무리 기능이
잘 개발되었더라도 사람들은 그 쇼핑몰에 방문하지 않을 것이다. 사용
하기 복잡한 전자제품이 외면받는 것과 같은 의미다.

　사람들이 기능을 사용하는 데 불편하지 않도록 화면에 꼭 필요한 정
보만 입력할 수 있도록 화면 디자인을 해야 한다. 그래서 코딩만큼 디
자인도 중요하다. 디자인과 코딩을 개별적으로 분리해서는 안 되며 반

드시 통합적인 관점으로 봐야 한다.

 코딩을 해서 개발한 기능은 웹 화면으로만 보이지 않는다. 기능은 가전제품, 로봇, 스마트폰, 스마트워치로 볼 수 있다. 소비자들은 이제 스마트워치를 구입할 때 기능보다 먼저 디자인을 본다. 기능은 더 이상 경쟁의 대상이 아니다. 대신 디자인을 우선 본다. 디자인은 코딩에 옷을 입히는 과정이며, 코딩은 디자인과 영혼의 단짝이다. 코딩이 좌뇌라면 디자인은 우뇌다. 지금처럼 좌뇌 중심으로 역량을 키워서는 4차 산업혁명의 적격자가 될 수 없다.

THE FOURTH
INDUSTRIAL
REVOLUTION

CHAPTER 4

Who is next?

축적의 시간,
경험을 빨리 축적할 수 있는
알고리즘은 없다

〈국내 산업경쟁력 위기〉라는 보고서에는 한국의 산업이 공통적으로 '개념설계conceptual design' 역량이 부족하다는 사실을 지적하고 있다. 개념설계 역량은 신규 제품과 비즈니스 모델을 기획할 때 또는 산업계가 풀어야 할 과제가 있을 때, 이 과제의 속성 자체를 새롭게 정의하고 창의적으로 해법의 방향을 제시하는 역량을 의미한다. 실행 역량보다 더 선행 단계에서 요구되는 극히 창조적 역량이다.

예를 들어 해양플랜트의 개념을 창조적으로 제시하는 역량, 새로운 화학물질을 생산해내는 프로세스를 최초로 설계하는 역량, 사물인터넷 기술을 활용하여 새로운 비즈니스 모델을 구상하는 역량, 새롭게 등장하는 산업 수요에 맞추어 시스템 개념도를 제안하는 역량 등 모든 산업과 제품의 최초 생산단계에서 등장한다.

산업의 종류를 막론하고 우리 산업에서는 개념을 새롭게 정의하고 이를 실현할 최초의 설계도를 그려내는 역량이 부족하다는 것이다. 산업 현장에서 새롭게 접하는 문제에 대해 창의적으로 해법을 제시하고 시험적으로 적용해보고 실패하고 또다시 시도하는 시행착오와 실패 경험의 축적 없이는 개념설계 역량을 결코 손에 넣을 수 없다.

이런 점에서 핵심적인 개념설계 역량의 확보 과정은 창조적 축적 과정이다. 우리나라는 지난 50년간 후발 추격 국가로서 선진국에서 이미 검증을 마친 개념설계를 빠르게 확보하여 우리 것으로 만들고 생산에 적용하는 데 특화되어왔다. 이와 같은 산업발전모델에서 개념설계 역량을 확보하는 데 시간이 오래 걸리기 때문에 일단 선진 기업들의 성공 모델에 의존하고 일시적 자원 동원으로 해결 가능한 영역을 우선시해왔다. 이 같은 전략은 산업의 기반을 빠르게 마련하는 데는 탁월하게 기여하였다.

그러나 개념설계를 위한 경험지식의 축적을 미루어온 결과 핵심부품소재는 물론이고 새로운 제품 정의도 계속 산업 선진국 기업들에 의존할 수밖에 없는 상황을 맞게 되었다. 우리나라가 압축적으로 산업 발전을 이루었으나 결국 진정한 의미의 산업 선진국이 되기 위한 축지법은 없었던 셈이다.

개념 설계 역량 부족은 우리나라 산업 전반의 공통적인 문제다. 우리에게는 페이스북, 에어비앤비, 아마존, 넷플릭스, 트위터, 링크드인과 같은 글로벌 플랫폼이 없다.

르누아르가 "이 드로잉을 완성하는 데 5분이 걸렸지만, 이에 다다르기까지 60년이 걸렸다"라고 한 말처럼 우리나라는 경험을 축적할 수 있는 여유를 주지 않는 사회적 구조를 가지고 있다. 빨리 빨리 성과를 내야 한다. 시작하면 1년 안에 무언가를 보여주어야 한다.

사실 지금의 아마존이 있기까지 12년 이상 걸렸다. 아마존의 CEO 제프 베조스의 탁월한 역량이 큰 역할을 했지만 미국 기업문화의 버팀목이 없었다면 아마존은 지금 없었을 것이다. 아마존처럼 불확실한 사업을 10년 이상 이끌고 나갈 수 있는 기업환경은 우리나라에서는 갖춰지지 않았다. 빠른 시간 내에 안전하게 성과를 낼 수 있는 사업만을 찾다 보니 바쁘게 움직이고 있지만 서비스 경쟁력은 글로벌 수준에 많이 떨어지고, 지속적인 투자가 없으니 서비스를 만들어도 계속해서 업그레이드할 수 있는 동력을 가질 수 없다. 물리학을 등한시하고 우주 프로젝트를 하겠다는 것과 같다.

구글의 알파고, IBM의 왓슨은 하루아침에 만들어진 서비스가 아니다. 최소 5년~10년 동안 기술과 경험이 축적된 프로젝트다. 그래서 그들과 경쟁에서 이길 수 없다. "경험을 빨리 축적할 수 있는 알고리즘은 없다"라는 말처럼 중장기 플랜을 세우고 국가, 사회, 기업, 교육 영역에 창의력을 축적할 수 있는 엔지니어링이 필요하다.

덕업일치

공자는 논어에서 "천재는 노력하는 자를 이길 수 없고 노력하는 자는 즐기는 자를 이길 수 없다"는 말을 남겼다. 학습의 즐거움, 놀이의 즐거움. 즉 즐기고 사랑하고 연구하고 싶은 대상을 찾아주는 것이 평생학습을 지속 가능하게 할 원동력이며 잠재된 창조성을 이끌어낼 원천이라는 것이다.

자신이 좋아하는 일을 직업과 일치시키는 덕업일치를 만든다면 최상이다. 그럼 스트레스란 있을 수 없다. 자신이 하는 일이 고역이면 그야말로 직장은 지옥이 된다. 그래서 덕업일치는 최상의 조합이다. 일전에 한 방송에서 유명 프로덕션 업체 대표에게 성공의 비밀이 무엇이냐는 질문을 했더니 대답이 이랬다. "성공하려면 자신이 좋아하는 일을 남들보다 일찍 시작해야 한다." 경험을 축적할 수 있는 알고리즘이 없는 것처럼 말이다.

슈퍼 클래스 일론 머스크

스마트카 테슬라와 스페이스X의 CEO, 영화 '아이언맨' 주인공 토니

스타크 역의 실제 모델이기도 한 일론 머스크는 1971년 6월 28일 남아프리카공화국의 프리토리아에서 태어났다. 아버지 에롤 머스크는 전기·기계 엔지니어였고 어머니 메이는 캐나다 출신 영양컨설턴트 겸 패션모델이었다. 어린 일론 머스크는 자라면서 컴퓨터 프로그래밍에 소질을 보였으며 사업가적인 기질이 있었고 최신 기술에 능숙했다. 컴퓨터 게임에 푹 빠졌지만 그는 프로그래밍 분야에 파고들었다.

일론 머스크는 '블래스타Blastar'라는 우주 비디오 게임을 만들어 500달러를 받고 한 컴퓨터 잡지에 팔았다. 그 돈을 한 제약회사 주식에 투자해서 나중에 제법 큰 이익을 남기고 팔았다. 일론과 그의 남동생 킴벌Kimbal은 전자오락실 사업을 하려고 건물까지 임대했지만 법적으로 10대인 일론과 킴벌의 사업을 허락하지 않아 무산된 적도 있었다. 일론은 멀리 내다보고 큰 그림을 그리는 능력과 동시에 뛰어난 재무관리 능력, 리더십과 폭넓은 인간관계로 눈부신 사업적 성과를 만들어냈다.

일론은 단순히 돈을 많이 벌기보다는 세상을 변화시키고 싶어 하는 이상주의자이고 자신의 그런 꿈을 실현하는 데 필요한 원대한 계획들을 세워 그 꿈이 실현되는 걸 보고야 말겠다는 집요함도 갖고 있다. 일론 머스크는 지구에서 벗어나 우주로 시선을 돌렸다. 그는 "지구에서 태어나 화성에서 죽는 것도 꽤 괜찮은데요"라고 말할 정도로 화성 개척과 정착촌 건설을 목표로 '자가 유지 도시'를 건설할 것이라고 발표했다.

"내 생각에는 인공지능이 현존하는 가장 큰 위협요소가 될 수 있다"라고 말했던 일론 머스크가 인공지능 개발에도 나섰다. 스타트업 기업 엑셀러레이터 와이컴비네이터의 대표 샘 알트먼과 함께 10억 달러약 1조 2천억 원를 투자해 비영리 인공지능 연구단체 오픈AIOpenAI를 설립했다.

"우리는 오픈AI의 인공지능 기술이 특정 회사에 종속되는 것을 원치 않는다. 우리 임무는 이익에 사로잡히지 않고 올바른 인공지능 기술을 개발해서 누구나 접근할 수 있도록 세상에 공개하는 것이다."

일론 머스크는 돈을 벌기 위한 사업가가 아닌 인류의 생존까지 생각하는 급이 다른 클래스를 가지고 있다. 우리는 이런 클래스를 '슈퍼 클래스'라고 한다. 부자이면서 인류를 생각하는 클래스, 우리가 쉽게 볼 수 없는 슈퍼 클래스다.

애플의 영혼 조너선 아이브, 아버지와 함께 시작한 디자인

조너선 아이브는 영국의 디자이너이자 기업가로 애플의 최고디자인책임자CDO이며 아이맥, 맥북프로, 아이팟 그리고 아이폰을 디자인했다. 초창기에 아이브는 애플에서 주목받지 못했으나 1997년 스티브 잡스가 애플에 복귀하면서 재평가를 받게 되었고, 그때부터 산업디자인 팀을 이끌어 현재까지 오고 있다. 스티브 잡스에게 애플을 만드는 데 스티브 워즈니악 있었다면 애플을 위기에서 구하고 지금의 애플을 만드는 데 조너선 아이브가 있었다.

스티브 잡스가 애플 CEO로 다시 복귀했을 때 조너선 아이브가 없었다면 지금의 애플이 있었을까 하는 생각을 한다. 조너선의 성장환경은 안락했지만 호화롭지는 않았다. 아버지 마이크 존 아이브는 대학에서 은세공을 가르치는 은세공 전문가였으며 어머니 패멀라 메리 아이브는 심리치료사였다. 조너선은 청퍼드 공립학교에 다녔으며, 이 학교는 축구 스타 데이비드 베컴의 모교로 유명하다. 베컴은 조너선의 8년 후배다.

소년 시절 조너선은 사물의 작동 원리에 호기심을 드러냈다. 그는 점차 각종 제품이 구성되는 방식에 매료되었고, 라디오나 카세트 녹음기 등을 분해해보곤 했다. 아버지 마이크는 틈만 나면 아들을 디자인에 관한 대화에 끌어들여 이런 관심을 북돋웠다. 그는 조너선의 어린 시절 내내 디자인에 관심을 가질 수 있는 환경을 꾸준히 조성해주었다. 아버지는 자신의 대학 작업실에 조너선을 데려와 마음껏 디자인할 수 있도록 해주었다. 아들을 런던의 디자인 스튜디오와 디자인 학교에도 데려가곤 했는데, 그중 조너선의 앞날을 결정한 순간이 있었으니 바로 런던의 한 자동차 디자인 스튜디오를 방문했을 때였다.

"그날 거기서 저는 산업 조형물을 제작하는 일이 제 평생의 관심사가 될 것임을 깨달았습니다"라고 조너선은 회상했다.

월턴 고교 시절 조너선은 디자인 테크놀로지 과정뿐 아니라 화학과 물리학도 선택해서 공부했다. 예술계 학생으로 흔치 않은 일이었다. 영국에는 T형 디자이너라는 개념이 있는데 특정 분야에서 원숙한 기량을 연마한 동시에 다른 분야에도 조예가 깊은 디자이너를 뜻하는 말이다. 조너선은 디자인을 중심으로 다른 영역까지 조합하는 기반을 고교 시절부터 만들고 있었다.

조너선은 용수철 개폐 장치를 디자인한 적이 있는데 누르면 반동으로 열리는 덮개였다. 덮개를 위쪽으로 올려 뒤로 젖히는 방식은 특정 문화권에 한정되지 않은 보편적인 방식으로 거부감을 일으키지 않도록 세심하게 고안했다. 책장을 넘기는 것처럼 덮개를 옆으로 접는 방식은 문제가 있었다. 문화에 따라 책장을 넘기는 것처럼 덮개도 왼쪽, 오른쪽으로 넘기는 방식이 달랐다. 그래서 조너선은 모든 문화권의 사용자가 거부감 없이 사용할 수 있게 위쪽으로 여는 방식을 택했다. 조너선은 이처럼 사용자가 제품에 사용자의 감동과 애착을 느낄 수 있도록 제품에 스토리를 만들었다.

조너선은 스포츠카 마니아다. 조너선이 애플에 입사 후 자신의 스포츠카로 속도를 내고 달리다 사고를 낸 적이 있었는데, 그후 애플에서는 조너선이 스포츠카를 더 이상 운전하지 못하게 계약서를 쓴 적이 있다. 애플이 스마트카를 출시한다면 스포츠카가 될 가능성이 높다.

조너선처럼 부모로부터 지도를 받으면서 진로를 구체화하는 것은 우리 부모들도 생각할 부분이다. 지금 아이들의 진로탐색이 학교·학원에 그 중심이 있다면 이제 가족 공동체로 이동시킬 때가 되었다. 부모와 아이들이 대화를 통해서 아이들에게 가장 잘 맞고 잘 어울릴 수 있는 옷을 찾는 것처럼 아이들의 원하는 것을 함께 구체화시키는 여정을 떠나야 한다. 덕업일치할 수 있는 대상을 찾아야 한다.

로봇 과학자 데니스 홍, '스타워즈'에서 시작한 나의 꿈

데니스 홍 교수가 로봇 과학자가 되기로 결심한 계기가 있었다. 일곱 살 꼬마였던 데니스 홍에게 '스타워즈'는 너무나도 충격적이었다. 손에 땀을 쥐게 하는 우주선들의 전투 장면에서 로봇들이 신기하게 움직이며 인간들을 돕는 모습들이 너무나도 멋져보였다.

영화 첫 장면에서부터 자막이 다 올라갈 때까지도 영화관 의자 끝에 엉덩이를 겨우 붙이고 화면으로 뛰어들어갈 듯 손에 주먹을 꼭 쥐고 입을 헤 벌린 채 영화에 몰입했다. 1997년 여름 할리우드의 맨즈차이니즈극장에서 '스타워즈' 영화를 보고 가족과 함께 차를 타고 돌아오던 바로 그때, 데니스 홍은 앞으로 커서 꼭 로봇 과학자가 되겠다고 다짐했다. 사람들을 돕는 유용한 로봇을 만든다는 생각보다는 그저 너무나도 멋진 로봇들에 매료되었던 것이다.

일곱 살 꼬마였던 데니스 홍은 그날의 꿈을 단 한 번도 저버리지 않고 그가 세운 로봇 연구소에서 로봇을 만든다. '스타워즈'는 비록 그저 한 편의 영화였으나 데니스 홍 인생을 바꾸어놓았다.

누구나 어렸을 때 무엇이 되고 싶다는 꿈을 꾼다. 그 꿈들이 현실적이냐 아니냐를 떠나 미래의 자기 자신의 모습을 그려보며 동경하고 들뜨게 한다. 그래서 우리는 미래에 되고자 하는 어떠한 상像을 '꿈'이라고 한다. 그 꿈은 시간에 따라 변하기도 하고 현실적으로 불가능해서 포기도 하고 성장해감에 따라 멀어져가거나 또 잃어버리기도 한다. 그러다 또 새로운 꿈을 꿀 때도 있고 많은 경우 현실에 굴복해 어릴 적부터 간직해 오던 꿈의 길을 따라가지 못하고 살기도 한다.

자신의 꿈이 무엇인지 모르고 한평생 살아가는 경우도 있다. 데니스 홍은 자신이 좋아하는 꿈과 함께 자질도 함께 갖춰야 한다고 말한다. 꿈은 열정적으로 '하고 싶은 일'이면서도 또 남들도 인정할 정도로 '잘하는 일'이어야 가장 바람직하다. 그래야 성공하고 행복할 가능성이 높아지는 것이다. 좋아하는 일 그리고 잘하는 일을 꿈으로 찾고 현명하게 선택해야 한다. 인생에서 그것보다 더 중요한 것은 없다. 일찍부터 우리 아이들이 잘할 수 있는 일을 찾고 장려하는 일은 대단히 중요하다. 이는 결국 부모의 미션이다.

캐리 언니, 세상의 모든 장난감은 나의 스토리텔링 주제

뽀통령이 있다면 캐통령이 있다. 수년간 아이들과 함께했던 1대 캐리 언니, 강혜진 씨는 장난감 놀이에 스토리를 가지고 이야기를 이끌어가는 데 탁월하다. 정말 자연스럽고 기발하다. 이를 가능하게 한 것은 그녀가 어릴 때 외국에서 건설업을 하신 아빠였다. 그는 귀국할 때마다 장난감을 사다 주었다. 그녀는 어려서부터 장남감을 가지고 놀았고 남들과 다른 자연스러움으로 아이들의 눈높이에서 스토리를 풀어간다. 강혜진 씨는 자신의 생각을 자연스럽게 커뮤니케이션하고 공감할 수 있는 자질을 어렸을 때부터 키워왔던 것이다.

난 5살 때부터 공룡만 그렸다

5살 때부터 공룡을 좋아해서 그리기 시작한 비타민상상력 김진겸 대표는 지금까지 그리고 있다. 그는 국내에서 독보적으로 공룡을 디자인할 수 있는 전문가가 되었다. 김 대표는 공룡을 디자인할 때 국내외 자연사 박물관 연구원들과 협업하여 이론적 고증에 따라 디자인해서 매우 사실적인 공룡의 모습을 보여준다.

공룡이 이미 멸종한 동물이다 보니 색감 작업이 가장 어렵다고 하는데 이런 경우 오늘날 살아있는 파충류들이나 조류에서 영감을 받아서 컬러링 작업을 한다고 한다. 흔히 파충류 하면 녹색 계열을 많이 떠

올리는데 파충류들 중에는 굉장히 화려한 색을 가진 공룡도 많았다고 한다.

공룡에도 라이벌이 존재하는데 티라노사우루스와 트리케라톱스다. 이 둘은 공룡이 멸종할 시기까지 가장 오랜 동안 생존했으며 함께 최후를 맞이했다. 치열한 경쟁이 그들의 생존력을 키우는 데 도움이 되었다. 김진겸 대표는 평생 할 수 있는 일을 이른 나이에 찾았다. 누구나 한번은 창업을 한다. 단, 언제이냐가 문제다.

열두 살에 집이 파산하자, 번뜩 음악으로 돈을 벌 수 있겠다 싶어 열정과 패기만 믿고 힙합에 몸을 던졌다. 초등학교 졸업에 혼혈인, 키도 작고 몸에 문신이 있는 비대중적인 이미지로도 성공할 수 있었던 건 자신이 좋아하는 것에 어릴 적부터 '선택과 집중'을 해서다.

거기에 16년 동안 꾸준히 이어온 음악을 향한 근성과 함께 술, 담배, 욕, 커피를 하지 않는 투철한 의지력도 받쳐줬다. 도끼는 실제 콘서트에서 "술, 담배 하지 말고 그 돈으로 자신에게 투자하자"라고 말한다. 쇼미더머니의 단골 프로듀서 도끼는 바른생활과 철학을 가진 멋진 래퍼다.

《일리네어 라이프 포토 에세이》에 쓴 도끼의 글을 읽다 보면 그를 좋아할 수밖에 없게 된다.

"난 12살 때부터 힙합을 하는 사람으로서 단 한 가지 꿈만 꾸면서 살아왔다. 이 일을 잠시 해보다 안 되면 다른 걸 해봐야지. 그것도 안 되면 또 다른 걸 해야지. 그러다가 내가 잘하는 건 이거니까 원래 하던 거나 해야지하고 내 길을 번복한 적도 없다. 모든 것에는 순서와 차례가 있는 것처럼 내 차례가 언젠가는 올 거라고 믿었고 대신 내 차례가 온다면 절대 놓치지 않으리라고 다짐했다."

도끼처럼 어린 나이에 자신이 평생 하고 싶은 일을 찾은 것은 어찌 보면 큰 행운이다. 인생은 자신이 평생 할 수 있는 일을 찾아가는 과정일지 모른다. 그 과정에서 실패가 따르게 되고 다시 진로를 수정하기도 한다. 그런데 중요한 것은 자신이 평생 하고자 하는 일을 빨리 찾을 수록 경쟁력을 키울 수 있는 시간이 그만큼 많아지게 된다. 어려서부터 자신이 잘할 수 있고 자신에 맞는 일을 찾기 위해 다양한 경험을 할 수 있는 환경을 가정에서 만들어주어야 한다.

MC스나이퍼, 너의 꿈과 미래를 위해 무엇을 포기했니?

다음은 MC스나이퍼의 글루미 선데이Gloomy Sunday 가사의 일부다.

"증오와 분노와 깊은 밤을 함께 했네

꿈을 이루기 위해 기회는 누구에게나 다가온다

얼마나 절실했니

너의 꿈과 미래를 위해 무엇을 포기했니

패기와 용기 어금니 싹 문 너의 오기는

대체 내 삶 어디에 투자됐니

필요하다면 자지 말고

필요하다면 쓰지 않으며 게릴라전의 체게바라처럼

욕심과 사심에 총을 겨누며

나 초년의 꿈을 위해 달림에 여념이 없네

여기서 멈추지 않고 끊임없이 달려"

정말 아름다운 가사다. 절실함이 있다는 것은 그만큼 자신이 좋아하는 것이 있고 꼭 이루고 싶은 대상이 있다는 것이다. 절실함이 없다면 아직 인생의 목표가 없다는 것이다.

영화 '7번방의 선물', '타워', '코리아', '파파로티'로 유명한 유영아 작가도 지원하는 공모전마다 실패하여 깊은 절망감으로 글쓰기를 포기한 적도 있었다. 죽을 만큼 작가가 되고 싶었던 절실함과 끈기가 지금의 유영아 작가를 있게 했던 동력이었다.

유 작가는 학습지 교사로 일하며 퇴근 후 집안일을 정리하고 나서 11시부터 새벽 1시까지 매일 글을 썼다. 필자가 일전에 유영아 작가의 강연에 참석했는데 그는 이런 말을 했다.

"여기에 참석하신 많은 분들이 작가 지망생으로 알고 있습니다. 그런데 여러분은 매일 치열하게 글을 쓰고 있나요?" 자신이 하고 싶은 일에 절실함과 끈기가 있다면 꿈은 꼭 이루어진다는 것을 유영아 작가에서 찾을 수 있었다.

MC 스나이퍼,
Show me the money

당신은 4차 산업혁명에 얼마나 준비가 되어 있는가?

인공지능이 널리 퍼질수록 취업난은 앞으로 더욱 심각해질 것이다. 일전에 코딩 관련 세미나에 참석한 적이 있는데 한 대학생이 이런 질문을 한 적이 있다.

"나는 어문계열인데 학교에서 의무적으로 코딩 교육을 시키고 있어서 수업을 듣지만 도대체 왜 해야 하는지 모르겠습니다."

사실 왜Why가 빠진 코딩 교육은 시간 낭비다. 프로그래밍 언어를 배워서 코딩을 하는 것은 포토샵의 사용법을 배우는 것과 똑같다. 도구를 잘 사용하는 것도 중요하지만 도구를 사용해서 무엇을 해야할지 생각이 없으면 도구의 사용법은 잊혀지게 된다. 그런데 어문학은 인공지능에서 중요한 역할을 한다. 자연어 처리를 할 때 언어학을 전공한 사람이 반드시 필요하다. 사람들이 하는 말의 의미를 분류하는 과정이 필요한데 사전적 의미를 정의하는 일은 언어학을 전공한 사람이 하는 것과 비전공자가 하는 것은 의미전달의 정확성에 큰 차이가 날 수밖에 없다.

클라우드, 사물인터넷, 빅데이터, 인공지능 기술을 여전히 IT를 전공으로 하는 사람들만 알아야 할 과목으로 생각하는 것은 문제가 아닐 수 없다. 자신이 하는 일에 4차 산업혁명 기술을 이용해서 재구성해야 한다. 자신의 지식과 역량을 최신 기술과 어떻게 접목시킬지 고민하고 방법을 찾아야 한다. 인공지능 기술을 이용하여 법률서비스 로봇을 만들듯이 4차 산업혁명 기술을 활용하여 자신이 가진 역량을 확장시켜야 한다. 이를 통해서 자신이 좋아하고 평생하고 싶은 업業을 지킬 수 있다.

디자인 따로 코딩 따로 하면 미래가 없다

회사에서 가장 선호하는 사람은 디자인도 하고 코딩도 하는 사람이다. 애니메이션 제작사에서 캐릭터를 디자인하고 코딩을 할 수 있는 사람을 TD^{Technical Director} 라고 한다. 디자인만 하는 아티스트보다 최소 3배 이상의 연봉을 받는다. 그런데 TD 역할을 할 수 있는 사람이 부족하여 실제 채용하는 데 많은 어려움이 있다. 디자이너는 자신이 하는 일에 코딩을 조합해서 일의 범위를 확장해야 한다. 개발자 또한 자신이 하는 일에 디자인을 조합해서 일의 범위를 확장시켜야 한다. 즉 서로의 영역을 배워서 조합해야 한다는 말이다.

"이건 코딩하는 사람이 하는 일이야, 우린 디자인만 하면 된다"라는 생각은 융합의 시대에서 더 이상 통하지 않는다. 최근 많은 기업들이 제품 개발 단계에서 디자인과 코딩을 통합하고 있다. 두 개의 영역을 하나의 단계로 묶는 것이 제품 개발 기간을 단축하는 데 효과적이기 때문이다. 토트넘의 손흥민처럼 양발을 자유롭게 사용할 수 있어야 한다. 그래야 갑자기 볼이 어느 방향에서 와도 결정적인 순간을 놓치지 않는다. 양발을 자유롭게 쓰는 것은 디자인도 하고 코딩도 할 수 있는 것과 같다. 디자인과 코딩을 동시에 할 수 있다면 더 많은 기회가 찾아올 것이다.

인공지능 프로그래밍은 확률통계에서 시작한다

컴퓨터 주인의 사진, 문서, 파일 등 데이터를 담보로 금전을 요구하는 악성 프로그램을 랜섬웨어라고 한다. 랜섬웨어는 '몸값'을 의미하는 '랜섬Ransome'과 '소프트웨어'의 'ware'의 합성어다. 랜섬웨어는 이메일 또는 악의적인 인터넷 사이트 접속을 통해서 감염된다. 랜섬웨어가 컴퓨터에 설치되면 컴퓨터에 있는 문서, 이미지 파일을 암호화시킨 후 돈을 요구하는데, 일반인에게는 150만 원에서 200만 원 정도이지만 기업은 억에서 몇 십억 단위다. 가족의 소중한 추억을 담고 있는 사진을 다시 찾고 싶다면 해커가 원하는 돈을 비트코인으로 보내야 한다.

기업은 더 심각하다 고객에게 제출할 도면이 암호로 잠기게 됐다면 해커와 협상할 수밖에 없다. 암호화된 파일을 풀기 위해서는 암호키를 받아야 한다. 랜섬웨어는 내가 살고 있는 집에 무단으로 들어와서 현관 비밀번호를 바꾼 것과 같다. 파일의 주인이 자신의 파일을 볼 수 없는 어처구니없는 일이 우리 일상에 빈번히 일어난다.

그런데 랜섬웨어가 PC를 감염시키는 일련의 과정이 있다. 특정 사이트에 접속하고 폴더와 파일의 권한을 변경하거나 파일을 암호화하거나 삭제를 반복하는 등 이상 행동을 한다. 이런 유형을 패턴이라고 하는데 '랜섬웨어 패턴'을 사전에 정의하고 확률통계 알고리즘회귀분석, 군집분석 등을 활용하여 랜섬웨어를 잡을 수 있는 인공지능 로봇을 컴퓨터에 설치한다. 새로운 앱이 PC에 설치되면 로봇이 '이상 행동'을 하는지 확인하여 비정상 행동을 하는 경우 그 앱을 격리·차단해서 랜섬웨어 침입을 사전에 방지한다.

우리도 책을 읽고 학습을 통해서 전문가가 되듯이 로봇도 처음부터 똑똑하지 않다. 사람이 사전에 파악된 패턴증상을 인공지능 두뇌가 되는 알고리즘에 입력할 수 있도록 코딩한 후 훈련 데이터를 활용하여 인공지능 로봇이 미리 정의한 패턴을 정확히 탐지할 수 있는지 테스트를 한다. 이때 기존에 가지고 있는 데이터훈련 데이터를 활용하여 정확도 테스트를 진행한다. 정확도가 낮으면 패턴을 세분화해서 입력·테스트를 반복 진행한다.

알고리즘의 정확도가 높아지면 더 이상 사람의 판단이나 개입 없이 알아서 결정하는 수준까지 된다. 기존에 가지고 있는 훈련 데이터를 이용해서 정확도가 높은 알고리즘공식, 방정식을 개발해 로봇을 똑똑하게 만드는 과정을 머신러닝이라고 한다. 최근 랜섬웨어가 기승을 부려 보안에도 인공지능 로봇을 활용하는 사례가 늘고 있다.

우리가 로봇이라고 하면 사람이나 동물처럼 움직이는 것만 로봇이라고 볼 수 있으나 컴퓨터나 스마트폰에 설치된 앱도 머신러닝 알고리즘을 사용한다면 인공지능 로봇이다. 인공지능 개발은 확률통계에서 시작된다. 데이터에서 규칙과 패턴을 찾아내서 확률통계 알고리즘을 활용하여 현재 상황을 분석하고 그 결과를 근거로 미래의 일을 예측하고 대응한다.

인공지능 알고리즘의 기본이 되는 회귀분석은 두 변수가 일관된 관계일 때 한 변수의 알려진 값을 이용하여 다른 쪽의 대응 값을 예측할 수 있다. 지능과 창의성 간에 상관관계가 있다고 하면 한 유아의 지능을 앎으로써 그 유아의 창의성을 예측하는 것과 창의성을 앎으로써 지능을 예측하는 것이 가능하게 된다.

인공지능을 배우게 되면 가장 먼저 맞닥뜨리는 문제가 통계와 수학

이론이다. 우리가 수학을 초등학교 때부터 고등학교, 대학까지 배웠지만 인공지능을 시작할 때 대부분의 사람들은 수학을 다시 배우고 싶은 마음이 들게 된다. "난 그동안 무얼 배웠지?"라는 반문을 많은 사람들이 한다. 통계와 수학이론이 생각나지 않는다는 것은 스토리 없이 문제를 빨리 푸는 데만 역량을 키운 원인이 크다. 왜 배우고 어디에 사용할지를 이해했다면 수학과 통계를 다시 배우는 수고로움이 덜 할 것이다. 적어도 전혀 기억이 나지 않은 일은 없을 것이다. 이제 흥미와 실용적인 관점으로 기존 수업을 4차 산업혁명 기술을 접목하는 시도가 반드시 필요하다.

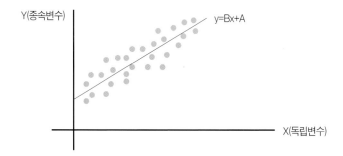

훈련 데이터를 활용하여 회귀분석 알고리즘을 반복해 적용하면 위의 그림처럼 점들이 모여서 하나의 직선으로 만들어진다. 이를 수식으로 만들면 y=Bx+A라는 방정식이 만들어지며 B는 기울기이고 A는 상

수이다. 훈련 데이터를 통해서 B와 A값을 알게 되었으니 x변수의 값을 알면 y값을 예측할 수 있다. 정확도가 확인된 y=Bx+A 공식을 앱으로 만들어 컴퓨터나 스마트폰에 설치하여 x변수에 값이 입력되면 인공지능 로봇이 사람의 개입 없이 스스로 판단하여 사람이 사전에 정의한 일을 처리한다.

데이터 사이언티스트 역량을 가지고 있다면 인공지능 전문가 되는데 유리하다. 빅데이터든 인공지능이든 사물의 현상을 분석하고 예측한 데이터에 의미를 부여해서 사람들이 쉽게 이해하고 공감할 수 있게 하는 스토리텔링이 중요하다. 인공지능 코딩을 하려면 확률통계 알고리즘에 익숙해야 하는데 이때 수학을 잘하면 좋지만 수학문제를 빨리 못 풀어도 수학점수 안 나온다고 걱정할 필요가 없다.

이미 잘 만들어진 인공지능 알고리즘이 API로 제공되고 있다. 단지 알고리즘의 원리를 이해하고 어디에 사용할 것인지 결정하면 된다. 인공지능 API를 조합해서 인공지능 로봇을 만들면 된다. 레고 블록처럼 무엇을 조합할지 아이디어만 있으면 된다.

사람의 신경망뇌구조을 활용해서 정보를 분석하는 알고리즘 중에 알렉스넷Alexnet이라는게 있다. 알렉스넷은 대표적인 딥러닝 알고리즘이며 1,000개의 서로 다른 이미지를 구분할 수 있다. 알렉스넷의 활용은 아주 다양한데 우선 의료 영상 분석에 적용할 수 있다. 예를 들면, 알렉스넷 알고리즘을 활용하여 폐암과 폐렴을 판단할 수 있는데 정확도가

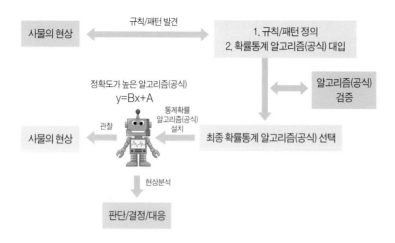

인공지능 코딩 과정

사람이 하는 것과 비슷하거나 높게 나왔다.

알렉스넷에 중요하게 사용되는 확률통계 알고리즘이 군집분석이다. 군집분석 알고리즘을 활용하여 폐의 사진을 보고 정상, 폐암, 폐렴을 구분한다. 영상 분석을 하려는 폐CT 자료만 있다면 알렉스넷 알고리즘을 활용하여 영상분석을 할 수 있다.

알렉스넷과 같은 딥러닝은 주로 영상분석과 자연어처리에 활용된다. 자연어 처리는 음성인식, 번역, 챗봇 분야가 있다. 군집분석 알고리즘은 다수의 대상들소비자, 브랜드을 그들이 소유하는 특성을 토대로 유사한 대상끼리 그루핑하는 통계기법이다. 군집분석에 의해 두 개 이상의 그룹이 형성되면 각 그룹을 군집Cluster이라 부른다. 알렉스넷은 고

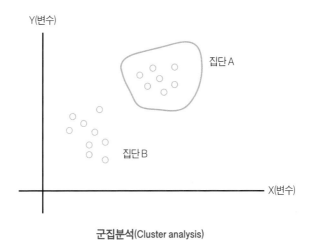

군집분석(Cluster analysis)

양이와 개의 사진을 구분할 수 있으며 비슷한 무늬를 가진 재규어, 치타, 눈표범, 이집트 고양이 사진 중에서 표범을 찾을 수 있을 정도로 정확도가 높다.

자율주행 자동차에서 인도, 차도, 보행자, 신호등을 구분하는 데 군집분석 알고리즘이 사용된다. 우리가 알렉스넷과 같은 인공지능 공식을 개발할 필요는 없다. 이미 잘 개발된 알고리즘이 있는데 군이 똑같은 것을 개발할 필요는 없다. 우리는 오픈소스Open Source로 제공되는 인공지능 API를 필요에 따라 선택해서 사용하면 된다. 알렉스넷을 어디에 활용할지를 생각하면 된다.

인공지능 전문가가 되고 싶다면 데이터 사이언티스트가 되라

21세기에 데이터는 새로운 오일이라 말한다. 미술관, 박물관에서 전시되는 작품을 기획하고 설명해주는 '큐레이터'처럼 데이터를 수집하고 해석하여 미래를 예측하는 사람을 데이터 사이언티스트라고 한다. 데이터를 사업까지 연결시키는 능력을 가진 데이터 사이언티스트를 '빅데이터 큐레이터'라고 부르는데, 이 직업을 "21세기의 가장 섹시한 직업"이라고 부른다.

큐레이션이 디지털 시대에 각광을 받게 된 이유는 간단하다. 정보의 폭발적인 증가로 인한 정보의 과잉 때문이다. 큐레이팅이란 기존 콘텐츠에 새롭게 의미를 부여하는 일이다.

데이터 사이언티스트는 수리통계 능력, 코딩 능력은 물론 인문학 관점에서 여러 분야에 대한 이해와 관심이 필요하며 다양한 영역의 사람들과 협력하기 위한 커뮤니케이션 능력도 갖춰야 한다. 분석한 데이터를 인포그래픽스로 시각화하고 기승전결에 따라 스토리텔링할 수 있는 능력도 중요하다.

확률통계 소프트웨어를 활용해서 데이터를 분석하면 결과는 숫자로 나오는데 데이터 사이언티스트는 이 숫자에 의미를 부여해서 설명해야 한다. 다양한 사회적 관점에서 해석하기 위해 인문학에 대한 이해가 필요하다. 분석결과를 경제·사회·문화·정치·기술 트렌드와 관계를 찾고 규칙·패턴에 따라 예측할 수 있어야 한다. 즉 확률통계 분석 결과를 보고 숫자의 의미를 스토리텔링할 수 없다면 데이터 사이언티스트라고 말할 수 없다. 확률통계 소프트웨어를 잘 사용한다고 해서 데이터 사이언티스트는 아니다. 의미를 모르면 그저 숫자에 불과하다.

마이크로소프트가 세계 최대 비즈니스 소셜 미디어 링크드인을 260억 달러약 30.5조 원라는 거액에 인수하였다. 링크드인은 페이스북과 같은 소셜 네트워크 서비스다. 차이점이 있다면 페이스북은 개인적인 생각이나 활동을 공유한다면 링크드인은 개인의 이력과 경력을 공유하여 구직·구인 활동에 전문화되어 있다.

데이터가 21세기 새로운 오일이라는 말처럼 마이크로소프트는 링크드인의 가입자 수 4억 3,300만 명을 주목한 것이다. 4억이 넘는 사용자에게 마이크로소프트가 가지고 있는 클라우드 서비스와 솔루션을 공급할 수 있으며 아마존의 알렉사와 같은 인공지능 비서 '코타나' 서비스까지 확대할 것으로 보인다. 마이크로소프트는 링크드인이라는 유전을 인수한 것이다. 2018년 최저 시급이 7,530원인데 데이터 사이언티스트 컨설팅 시급은 20만 원이다. 데이터 사이언티스트에게 필요한 역량을 체계적으로 준비한다면 양질의 직업을 가질 수 있다.

세계의 도서관이 되고 있는 페이스북

미국 펜실베이니아대학 연구소는 특정 지역의 시민들의 트윗 내용을 분석하였는데 긍정적인 트윗을 하는 경우가 부정적인 트윗을 하는 경우보다 심장병 사망률이 낮다는 연구결과를 발표했다. 실제로 미국 질병통제예방센터의 데이터를 지역적으로 비교하고 트윗을 대입해본 결과 이 주장은 매우 높은 정확도를 보여주고 있다.

펜실베이니아대학 연구소는 이와 같은 결과를 도출해내기 위해서 1억 4천 8백만 개의 위치정보 트윗을 분석했다. 전통적인 방식의 투표나 설문조사보다 이와 같은 트윗 분석이 사람의 생각이나 감정을 파악하는 데 더 효과적이다. 언어 감성분석이 심장병 유발인자인 흡연, 고혈압, 당뇨병 등을 근거로 건강 상태를 파악하는 것보다 더 정확하다고 한다. 대학연구소의 또 다른 프로젝트에서는 페이스북의 개인 데이터를 활용한 연구를 진행하고 있다. 트위터보다 페이스북 데이터 분석이 더 정확할 것이다. 트위터는 2017년 3분기 월간 실질이용자수가 3억 3천만 명이고, 페이스북은 20억 7200만 명이기 때문이다.

이처럼 SNS의 개인 데이터는 디지털 DNA다. 이와 같은 빅데이터 분석이 지역 사회의 건강지수를 파악할 수 있는 가치 있는 데이터도 제공할 수 있다.

페이스북은 20억 이상 인구가 사용하고 있다. 페이스북에 세계 각국에서 매일 무수히 올리는 글과 영상은 세계의 도서관이며 인류의 삶이 기록된 데이터 저장소다.

대한민국도 지자체별로 시민의 생각을 담을 수 있는 소셜 데이터 플랫폼을 운영해야 한다. 여기에 시민들의 생각을 표현할 수 있는 다양한 채널을 제공해야 한다. 스마트폰이든 포털이든 블로그든 민원신청서든 시민이 자발적으로 자신의 의견을 올릴 수 있는 환경이 필요하다. 우리가 페이스북에 자신의 생각과 지식을 올리듯이 민의가 반영된 소셜 데이터의 확보는 정책의 기획·수행에 중요한 역할을 할 것이다.

또 지자체는 클라우드, 사물인터넷, 빅데이터, 인공지능 기술을 활용하여 소셜 빅데이터를 자동적으로 확보할 수 있는 시스템을 구축해야 한다. 4차 산업혁명 기술의 효익은 24시간 케어와 모니터링이 필요한 대상에 적용해서 비용을 많이 쓰지 않고도 효율적인 사회 인프라를 획기적으로 개선할 수 있다.

중앙정부와 지자체는 소셜 빅데이터에서 무엇을 찾을 것인지에 대한 데이터 사이언스 역량과 데이터 중심의 행정수행 문화를 만들어야 한다. 가령 지금 살고 있는 지역 도서관에서 도서대출 현황을 분석하면 지역 시민의 관심영역을 파악할 수 있듯이 분석된 데이터를 기반으로 지자체에서 어떤 문화강좌를 개설할지 결정하는 데 도움이 될 것이다. 어찌 보면 도서 대출 현황을 분석하는 것이 사소할 수도 있으나 지역 시민이 무엇을 좋아하고 어떤 것에 관심이 있는지를 파악할 수 있고 민의가 반영된 공공 서비스를 제공하는 데 큰 역할을 할 것이다.

에너지, 재해방지, 교통 알고리즘을 개발하여 지역 사회 시스템을 혁신하는 시도도 필요하다. 클라우드, 사물인터넷, 빅데이터, 인공지능을 활용해서 선제적인 방재시스템을 구축할 수 있다. 축적된 데이터와 수집된 데이터를 분석·예측·대응한다면 사후처리 비용을 대폭 줄일 수 있다.

하드웨어와 소프트웨어의 조화를 창조하라

애플의 성공을 이끈 아이팟은 하드웨어인 아이팟과 인터넷 음악백화점이라고 할 수 있는 소프트웨어 아이튠스를 한데 묶어 시너지효과를 냈다. IT 비즈니스의 미래는 이제 하드웨어와 소프트웨어를 적절히 조화시키는 데 있다.

스티브 잡스는 인터뷰에서 "애플의 핵심 역량은 매우 좋은 하드웨어 디자인을 하고 있다는 것과, 거기에 매우 좋은 시스템과 소프트웨어를 장착하고 있다는 것이다"라고 말했다. 임베디드 시스템embedded system, 내장형 시스템은 기계를 제어하는 소형 컴퓨터다. 임베디드 시스템은 오래 전부터 가전, 공장 자동화, 기계, 항공기, 장난감에 활용되었다. 최근에는 사물인터넷과 무인자동차로도 주목을 받고 있다. 사물인터넷에 많이 사용되는 임베디드 시스템은 아두이노, 라즈베리파이가 있으며 온도, 열, 습도, 미세먼지 센서로 측정한 데이터를 인터넷을 통해서 클라우드에 저장하고 스마트폰으로 언제 어디에서든 데이터를 볼 수 있다. 임베디드 시스템은 사물인터넷, 무인항공, 무인자동차, 로봇 산업에 많은 기회를 제공한다.

스티브 잡스의 인터뷰에서 처럼 임베디드 시스템 개발자가 한가지
더 관심을 가져야 하는 것이 디자인 영역이다. 아두이노, 라즈베리파이
는 케이스가 없는 소형 컴퓨터다. 개발자는 라즈베리파이를 가지고 온
도 센서를 만들 수도 있고, 로봇도 만들 수 있고, 이동 감지 센서도 만들
수 있다. 개발자의 상상력으로 자신만의 제품을 만들 수 있다. 그런데
케이스 없이 작동되는 센서나 로봇보다 케이스가 있는 것이 기능상 완
성도가 높고 보기에도 좋다.

여러분은 아래 좌측 이미지와 우측 이미지 중에 어느 것을 선택할
것인가? 우리가 사용하는 컴퓨터나 가전, 스마트폰은 좌측 이미지처럼
케이스가 없는 제품이 아니다. 우리는 먼지나 음료 등의 오염에서 컴
퓨터를 보호해줄 방수 케이스가 필요하다. 그래서 임베디드 시스템에
서 제공하는 기능에 맞는 케이스 디자인은 중요하다. 임베디드 시스템

라즈베리파이 소형 컴퓨터

3D 프린터로 제작된 소형 컴퓨터 케이스

개발자가 디자인까지 한다면 최상의 기술 역량을 확보하는 것이다. 이처럼 다른 영역을 열린 마음으로 조합하면 강력한 파워를 가질 수 있을 것이다.

우리는 글로벌 플랫폼 전쟁에서 여전히 고전하고 있다

플랫폼을 사전적으로 정리하면, 공급자와 수요자가 참여해 각자 얻고자 하는 가치를 거래하는 곳이다. 플랫폼은 참여자들을 연결하고 상호작용을 통해 진화하며 모두에게 새로운 가치와 혜택을 제공하는 생태계다.

플랫폼은 4C의 특징을 가지는데 플랫폼의 시작은 우선 사람들이 모여야커뮤니티, Community 한다. 사람들이 모이면 대화커뮤니케이션, Communication를 하고 이런 대화는 콘텐츠Contents로 발전하고 콘텐츠는 사고파는커머스, Commerce 대상이 된다.

4C는 플랫폼을 이해하는 핵심적인 요소다. 플랫폼의 핵심 요소인 4C를 이해하기는 쉬워도 플랫폼을 구축하는 데는 엄청난 자본과 인내력, 마케팅 비용이 들어간다. 그래서 3년을 못 버티고 플랫폼 사업을 접는 경우가 허다하다.

성공한 플랫폼인 아마존, 넷플릭스도 우여곡절이 많았다. 아마존이 수익을 내는 데 13년이나 걸렸다. 정말 대단한 고난의 시간이었다. 제프의 탁월한 협상력으로 몇 천억씩 투자를 받아서 매년 카지노처럼 위태위태하게 아마존을 이끌었다.

넷플릭스도 아마존과 다르지 않은 험난한 길을 걸어왔다. 경쟁사인 블록버스터에게 매각되기 일보 직전까지 간적도 있었다. 그런데 유독 한국에서 아마존, 넷플릭스, 페이스북과 같은 글로벌 플랫폼을 만들지 못하는 이유를 찾으면 두 가지가 있다.

첫째는 전통적인 대기업에서 플랫폼을 구축하는 경우 기존의 주력 사업과 비교를 하게 된다. 예를 들면, 기존에 수익성이 좋은 사업구조에서 신규 사업으로 플랫폼을 구축하는 경우인데 플랫폼을 구축했다고 해서 첫해부터 놀랄 만한 숫자를 만들어내기 힘들다. 조급한 경영진은 2년째부터 높은 성과를 기대하게 되고 주력 사업과 매출 규모, 매출 성장을 비교하게 된다. 2년이 가고 3년째가 되는 시점이 되면 지속적으로 투입되는 개발과 마케팅 비용으로 인내력이 한계에 다다른다. 이런 경영상황에서는 플랫폼을 유지하고 운영할 수 있는 동력과 지원자를 찾기 매우 어렵다. 기업성과 평가구조상 3년 안에 확실한 성과를 내지 못하는 사업 모델은 사라질 수밖에 없다.

아마존, 넷플릭스처럼 10년 이상 투자하고 유지할 인내력이 없다면 시작은 곧 고통으로 변할 것이다. 전통적인 대기업의 문제는 아마존이나 넷플릭스처럼 목숨 걸고 하지 않는다는 것이다. 아마존, 넷플릭스는 가진 게 하나도 없었다. 실패하면 그것으로 끝이다. 그들은 목숨 걸고 올인해서 성공으로 이끌었다. 그러나 전통적인 대기업은 그렇게 하지 않는다. 왜냐하면 기존에 주력사업이 있기 때문에 열심히는 하지만 목숨까지 걸지는 않는다. 그래서 전통적인 대기업에서는 혁신적인 플랫폼이 나오기 힘들다.

두 번째는 비단 플랫폼에만 국한되는 이유는 아니지만, 미국은 가능성이 있으면 투자하는 문화가 있다. 확실하지 않지만 그래도 모험을 하는 경우가 있다. 아무래도 여유가 있어서 그런 것도 있겠지만 중요한 것은 그들에게는 기업가 정신이 있다는 것이다. 설령 투자금을 날리더라도 그들은 가능성에 투자한다. 투자에 대한 관용, 배려의 문화가 있어서 아마존, 넷플릭스가 만들어졌다. 아마존, 넷플릭스는 미국에서만 비즈니스를 하지 않는다. 그들은 글로벌 비즈니스를 한다. 미국의 투자 문화는 새로운 기업을 만들고 세계적인 기업으로 성장할 수 있는 기반을 만들어 준다.

아마존 CEO 제프 베조스도 초기에 구글에 투자해서 엄청난 배당금을 받았다. 4차 산업혁명 시대에 폭발적으로 만들어지는 소셜 빅데이터와 산업 데이터로 새로운 플랫폼이 만들어질 가능성이 매우 높다. 이 기회를 잘 활용해야 한다. 이제는 대한민국도 글로벌 플랫폼을 만들 때가 되었다.

포켓몬GO, 가족을 하나로 연결하다

필자도 딸과 함께 포켓몬을 열심히 잡으러 다닌 적이 있다. 추운 겨울 희귀 포켓몬을 잡으려고 일부러 전철을 타고 간 기억도 있다. 포켓몬GO 게임의 성공은 기존에 탄탄한 포켓몬 마니아들과 검증된 캐릭터가 있어서 가능했다. AR^{증강}기술을 활용하여 포켓몬을 자신의 스마트폰에서 볼 수 있고 실제 야외에 나가 게임을 할 수 있다는 것만으로 마니아들에게 충분히 감동을 주었다.

포켓몬GO로 여러 가지 긍정적인 효과가 나타났다. 희귀 포켓몬 캐릭터를 잡으러 여행을 가기도 하고 멀리 버스를 타고 가는 경우도 있었다. 집에만 있던 사람들이 외출을 하게 되고 오랫동안 걸어서 포켓몬이 나타나는 곳까지 지도를 보고 찾아가는 수고로움도 마다하지 않았다.

가족 간에 대화도 많아졌는데 부모와 함께 아이들이 포켓몬을 잡으러 다니고 유명 지역이나 상가들이 포켓몬과 제휴를 맺어 포켓몬이 나오게 해서 홍보를 하였다. 장시간 스마트폰의 사용으로 보조 배터리와 통신비가 상승했으며 포켓몬볼과 액세서리를 판매하는 앱스토어 매출도 늘었다. 또한 배틀을 통해서 가족 간, 친구들 간, 지인들 간 점수 경쟁도 있었다. 포켓몬GO는 상업적인 플랫폼이면서 사회에 긍정적인 영향을 미쳤다. 이것이 플랫폼의 파워이며 그 힘은 4C에서 시작되었다.

쇼미더머니, 힙합 전사들의 유토피아

쇼미더머니 시즌이 시작되는 매주 금요일이 기다려진다. 어떤 래퍼가 쇼미더머니에서 새로운 기회를 잡을지 한편의 드라마를 보는 것 같다.

쇼미더머니는 영화 '제리 맥과이어'에서 나온 대사다. 미식축구 스타 쿠바 주니어가 스포츠 에이전트 톰 크루즈에게 'Show me the money'라는 말을 한다. 의미는 '돈좀 벌어줘'다. 쇼미더머니 기획자가 제리 맥과이어를 보고 이름을 따왔는지 확실하지 않지만 흥미롭게 유추해 볼 수 있다.

쇼미더머니는 힙합 가수들에게 좋은 플랫폼이다. 나름 실력을 갖춘 힙합 가수들은 경쟁을 통해 유명한 힙합 가수와 협력해서 프로듀싱을 할 수 있는 기회를 잡는다. 프로듀싱 과정을 통해 참가자는 실력을 쌓고 경쟁을 통해 더 발전하는 모습에서 관객은 감동한다.

쇼미더머니라는 플랫폼은 1등만이 아닌 2등, 3등, 4등 이외 사람들까지도 새로운 기회를 준다. 플랫폼의 중심은 사람이다. 자신이 가진 능력, 경험과 지식의 가치가 4C에 얼마나 충족되는지 고민하라. 조건에 충족된다면 새로운 기회를 만들 수 있다. 지속 성장이 가능한 플랫폼을 많이 확보하느냐는 기업뿐만 아니라 대한민국에도 중요한 숙제다.

콘텐츠와 스토리를 가진 자가
세상을 주도한다

사람들은 이제 페이스북, 트위터, 인스타그램, 핀터레스트, 유튜브 등의 SNS에 자신의 생각을 글이나 동영상으로 올려 여러 사람들과 공유하고 커뮤니케이션한다. 자신이 올린 글이 네트워크로 연결된 사람들에게 공감을 이끌거나 감동을 주기도 한다. 때에 따라서 반갑지 않은 댓글과 비판을 받는 경우도 있다.

좋은 반응이든 싫은 반응이든 타인에게 자신을 생각을 공유하는 활동을 1인 미디어라고 한다. 1인 미디어는 SNS에 개인이 콘텐츠를 생산하고 공유하는 커뮤니케이션 활동이며 IT기술의 발달과 함께 인터넷이 일상화되고 스마트 기기가 대중화되면서 나타난 신종 직업이다. 개인들은 언제 어디서나 생각, 정보, 콘텐츠를 활발히 교류할 수 있게 되었다. 이러한 방식으로 SNS에 접속해 스마트 기기를 활용하여 개인은 콘텐츠 제작자가 되는 동시에 이용자의 역할을 한다.

사람들이 관심을 가질 모든 대상은 콘텐츠다

1인 미디어는 기존의 전통적인 미디어 채널에 비해 양방향성과 상호작용성을 크게 증대시켰다. 정보의 공유와 확산 속도가 빨라 그 파급력 역시 크다는 점이 특징이다. 대중의 높은 관심과 인기를 얻은 1인 크리에이터는 콘텐츠의 영향력이 증대되면서 새로운 콘텐츠 비즈니스 생태계를 형성하는 데 영향을 끼치고 있다.

개인 브랜딩에 성공한 1인 크리에이터들은 마니아층을 형성하며 스타로 떠오르고 이에 따라 고수익을 창출하고 있다. 대중의 관심과 인기는 광고와 연결되어 자연스럽게 수익을 창출하게 되었다. 이런 다양한 수익구조는 여러 장르의 1인 미디어가 등장할 수 있는 환경을 조성한다.

아빠와 함께 장난감을 가지고 놀거나 놀이동산에서 즐겁게 노는 '라임튜브'의 영상은 엔터테인먼트와 관광을 조합한 1인 미디어 사례다. 또래의 아이들이 '라임튜브' 영상을 보고 엄마, 아빠를 졸라 워터파크에 가는 일도 있다. 자신의 이야기, 지식, 경험을 소개하는 1인 크리에이터는 21세기의 신개념 크리에이티브 스토리텔러이며 플랫폼이다.

일전에 필사가 대한민국을 대표하는 마인크래프트 게이머 '양띵'에게 창의적인 크리에이터가 되려면 어떻게 해야 하는지 물어본 적이 있다. 그러자 그는 "많은 것을 보고 경험하는 것이 좋을 거 같아요"라고 답변했다. 1인 미디어는 어찌보면 방송국의 PD처럼 다양한 주제를 가지고 이야기를 만들어가는 역할과 같다. 많은 것은 다양함을 의미한다. 다양성에서 다양한 콘텐츠가 만들어지고 스토리가 힘을 받는다. 전 세계로 연결된 SNS에 스토리텔링을 영어로 한다면 콘텐츠 가치와 파급력은 대단히 클 것이다. 수익도 국내에 비해서 상당히 클 것이다.

1인 미디어는 젊은 층의 전유물이 아니다. 시니어의 스토리, 지식, 경험을 멘토가 되어서 소개하는 것도 귀중한 콘텐츠가 될 수 있다. 시니어도 그동안 축적한 자신만의 노하우와 삶의 지혜를 공유한다면 경영과 교육을 아우르는 지식 나눔 플랫폼으로 새로운 사업모델을 창출할 수 있다. 시니어도 자신의 지식을 스토리텔링하는 1인 크리에이터로 자신만의 브랜드를 만들어 새로운 커리어를 시작할 수 있다.

천체물리와 CG기술의 위대한 컬래버레이션, '인터스텔라'

스티븐 호킹의 친구이자 세계적인 이론물리학자 킵손 교수와 영국의 시각효과 회사 더블네거티브Double Negative의 협업으로 만들어진 영화 '인터스텔라'는 천체물리학과 CG 기술의 위대한 컬래버레이션이다. 킵손 교수는 자신이 만든 방정식을 검증해서 더블네거티브의 시각효과 팀에 제공하면 특수상대성을 전공한 과학 팀장 올리버 제임스와 물리학을 전공한 미술팀장 유제니 폰 툰첼만이 고해상도 영상으로 가본 적도 없고 갈 수도 없는 블랙홀을 만들어 보여준다. 킵손 교수는 그의 책《인터스텔라의 과학》에서 더블네거티브와의 협업에 관해 이런 말을 했다.

"우리는 곧 멋진 협업관계를 형성했다. 나는 몇 달간 거의 전적으로 그 일에 매달려 블랙홀과 웜홀 근처의 모습을 구현하는 데에 필요한 방정식을 세웠다. 나는 그 방정식들을 '매스매티카Mathematica'라는 편리한 저해상도 컴퓨터 소프트웨어를 이용하여 시험해본 다음에 올리버에게 시뮬레이션 코드를 보냈다. 그는 그것을 철저히 소화하고 재구성하여, 인터스텔라에 필요한 초고화질 아이맥스 이미지들을 산출할 수 있는 정교한 코딩을 했다. 이어서 그 코드는 유제니와 그녀의 팀에 전달되었다. 최종 산물인 '인터스텔라'의 시각효과는 기가 막힌다! 게다가 과학적으로 정확하다. 역사상 최초로, 나는 다른 어느 과학자보다 먼저 빠르게 회전하는 블랙홀의 모습을 초고해상도로 볼 수 있었다. 그 블랙홀이 주변 환경에 어떤 영향을 미치는지 눈으로 본 것이다."

필자 역시 '인터스텔라'를 보고 고등학교로 돌아가서 지구과학과 수학을 다시 배우고 싶다는 생각이 들었다. 영화 '인터스텔라'는 과학적 이론으로 검증을 마친 뛰어난 시각화로 일반인들이 천체물리학에 감동할 수 있는 기회를 주었다. 무관심했던 아인슈타인 상대성이론, 중력렌즈효과, 중력새총효과, 블랙홀, 웜홀 이론과 인류의 가치인 사랑을 조합하여 최고의 영화를 만들어 냈다. 몇 년 전 아인슈타인의 중력과 발견이 낯설지 않은 이유는 '인터스텔라'의 힘의 아닐까 생각한다.

킵손 교수는 '인터스텔라' 영화를 제작하게 된 배경에 대해서 이렇게 설명하고 있다.

"나에게 중요했던 것은 처음부터 진짜 과학에 기초를 둔 블록버스터 영화를 만드는 것이었다. 과학 감독, 시나리오 작가들과 제작자들이 과학을 존중하고 과학에서 영감을 얻고 영화 속에 과학 이론을 철저히 검증하고 설득력 있게 녹여 넣어서 만든 영화, 물리학 법칙들이 만들어내는 경이로운 현상들, 인간이 물리학 법칙들에 통달함으로써 이룰 수 있는 위대한 성취들을 관객에게 맛보여주는 영화, 관객 중 다수를 과학 공부로 더 나아가 어쩌면 과학자의 길로 이끌 수 있는 영화를 말이다."

킵손은 화려한 CG가 아닌 과학적 이론에 근거를 둔 CG를 원했던 것이다. 필자는 이점을 주목하고 싶다. 과학이 영화에 영감을 주고 영화는 일반인이 쉽고 흥미롭게 과학을 이해하고 공감할 수 있는 선순환 구조를 '인터스텔라'를 통해서 보았다.

한국천문연구원에서는 천체물리과학 콘텐츠을 대중화하는 활동을 한다. 필자는 한국천문연구원과 시각효과 제작사와의 협업을 시도한 적이 있다. 킵손 교수와 더블네거티브처럼 대한민국이 쌓아온 천문이론을 시각효과를 통해서 천문우주 콘텐츠를 제작하려는 생각이었다. 아직 진행 중이지만 꼭 마무리를 하려고 한다.

천문우주 콘텐츠 제작에는 수학과 CG기술이 사용되어 문제풀이 위주의 수학에서 벗어날 수 있다. 수학에 우주라는 스토리를 가미하고 CG기술로 시각적으로 보여준다면 수학은 더 이상 입시 수학이 아닌 재미있는 실용수학이 될 것이다.

 인터스텔라 블랙홀 영상

GE에 취업하려면 스토리텔러가 되어야 한다

GE와 같은 제조업도 스토리텔러가 되고 있다. 기술의 차이가 점점 줄어드는 시대에는 감동을 주는 스토리텔러가 중요해진다. GE 최고 마케팅 책임자 베스 콤스탁은 이렇게 말하고 있다.

"사람, 기업, 세상의 모든 것엔 이들을 뒷받침해주는 이야기가 있습니다. 이야기들은 개인의 경험과 연결돼 저마다 의미를 지닙니다. 우리는 비즈니스에서 논리적이고 수학적, 재무적인 내용만을 다루려고 합니다. 하지만 현실에서는 스토리를 통해 사람·고객·상품을 연결해서 이야기해야 합니다. 소비자의 마음을 이해해야 판매를 할 수 있습니다.

시장 점유율도 중요하지만 고객의 마음을 사로잡는 것이 더 중요하죠. 고객을 이해하며 스토리를 만들어야 합니다.

엔지니어도 스토리텔러가 되어야 합니다. 각자가 지닌 이야기를 끌어내기 위해선 뛰어난 소통 능력을 바탕으로 스토리를 이끌어가야 합니다. 스토리텔링을 위해서는 소통하고 전달하고자 하는 메시지가 명확해야 합니다. 이것이 의미를 부여해 줍니다.

이 제트엔진의 성능은 뛰어나니 알아야 해, 이렇게 말할 수도 있지만 이 제트엔진을 90퍼센트나 가볍게 만들기 위해 노력하고 있어요. 역사상 가장 가벼운 무게죠. 왜 관심을 가져야 하느냐고요? 공기 중의 배기가스를 줄여주기 때문이죠. 당신도 더 깨끗한 세상을 원하지 않나요? 이러한 스토리텔링을 통해 고객과 교감할 수 있습니다. 사람들이 스토리에 공감하면 사업적 결과는 자연스럽게 따라올 것입니다. 사람들은 소비의 대상보다 영감을 받고 싶어 합니다. 기업에 가장 중요한 것은 인간적인 유대관계를 형성하는 것입니다."

베스 콤스탁이 전달하고자 하는 핵심은 '스토리텔링'과 '의미부여'다. 스토리텔링은 기업이 만들어 내는 제품에 의미를 부여하여 사람들과 공유하고 공감하는 데 큰 역할을 한다.

애플의 광고를 보면 기능에 대해서 한마디도 하지 않고 영화와 같은 이야기를 들려준다. 애플의 광고는 한편의 단편영화다. GM의 로버츠 루츠 부회장은 한 인터뷰에서 이런 말을 했다.

"나는 우리 회사가 예술적 사업을 하고 있다고 생각합니다. 자동차란 엔터테인먼트이자 움직이는 조각품인 동시에 수송수단의 역할을 하기도 합니다."

제품의 기능에 치중하던 시대는 끝났다. 이젠 제품에 감성과 감동 그리고 사용자의 삶과 스토리를 담는 시대가 되었다. 제품을 기획하고 개발하는 엔지니어도 스토리텔러가 되어야 한다. 스토리텔러가 되려면 사물에 대한 호기심과 상상력이 있어야 한다. 자신이 기획하고 있는 제품을 소개한다면 한편의 단편영화를 만들 수 있는 스토리를 이야기할 수 있어야 한다.

액션 카메라 업체 '고프로'도 자신들을 콘텐츠 제작사라 말한다. '레드불' 에너지 음료수 회사도 그들을 미디어 회사라 말한다. 고프로와 레드불은 자신의 제품이 만들어내는 감동적인 스토리를 통해서 제품을 파는 것이다. 그들은 카메라를 사라 말하지 않는다. 그들은 음료수를 마시라 말하지 않는다. 그들은 단지 스토리를 만들어낼 뿐이다.

GE가 들려주는
스토리텔링의 5가지 비밀

세상에 존재하는 모든 사물에 미니언즈의 옷을 입힌다

‘슈퍼배드3’는 애니메이션 장르로는 이례적으로 300만 명의 관객을 돌파해 흥행에도 성공했다. ‘슈퍼배드’의 제작사는 일루미네이션 엔터테인먼트다. 사실 글로벌 애니메이션 제작사 랭킹을 본다면 픽사, 드림웍스이고 그 다음이 블루스카이와 일루미네이션인데, 픽사와 드림웍스가 워낙 브랜드 인지도가 높아서 1위 그룹과 2위 그룹은 거의 공고한 벽 수준이다.

‘슈퍼배드3’가 시작할 때 픽사를 도발하는 장면이 나오는데 미니언즈의 잠수정이 빠르게 지나가면서 광대물고기의 꼬리를 잘라버리는 장면이다. 광대물고기는 픽사가 제작한 ‘니모를 찾아서’의 대표 캐릭터인데 주인공의 꼬리를 자르는 장면이 상징하는 의미는 크다. “이제 우리는 더 이상 2인자가 아니다”라는 자신감을 보여주는 장면이다. 이런 일루미네이션의 자신감으로 개봉하는 애니메이션마다 흥행과 함께 캐릭터 비즈니스도 성공을 거두었다.

일루미네이션은 시나리오 기획과 영상 제작을 분리해서 운영하였는데 철저한 분업화와 아웃소싱으로 콘텐츠 제작 과정을 혁신하였다. 시나리오는 본사에서 주도하였고 영상 제작은 인건비가 저렴한 나라에서 진행하여 조직을 가볍게 운영하였다. 이런 제작 방식을 프로젝트 기업이라고 하는데 프로젝트가 시작되면 참여 인력을 늘려가다가 제작이 완료되는 시점에는 인력을 줄이는 형태다. 영화가 개봉할 때는 배급과 마케팅팀만 남게 된다. 일루미네이션은 효율적인 조직운영을 통해서 민첩한 제작라인을 확보할 수 있게 되었다.

또한 일루미네이션은 시나리오 기획을 할 때 트위터의 소셜 데이터를 분석해서 콘텐츠 제작 전략을 수립했다. 빅데이터 분석을 활용하여 사람들이 좋아하는 흥행요소를 찾아 스토리에 녹였던 것이다. 일루미네이션이 2인자의 설움에서 벗어날 수 있었던 것은 미니언즈 캐릭터의 힘이 컸다. 매년 애니메이션과 미니언즈 캐릭터 사업으로 1조 원 이상의 매출을 올리고 있다. 지금 편의점에 간다면 미니언즈 캐릭터로 장식된 음료 등의 제품을 쉽게 찾아볼 수 있을 것이다.

"세상에 존재하는 모든 사물에 미니언즈 옷을 입힌다"라는 말처럼 미니언즈 캐릭터 세상이다. 미니언즈뿐만 아니라 심슨가족도 캐릭터 사업으로 1조 이상의 매출을 올리고 있다. 세계인들이 사랑하는 캐릭터는 제2의 반도체, 스마트폰, 자동차 산업이 될 수 있다.

태어나면서부터 우리 아이들은 무수히 많은 그림을 그린다. 유치원부터 고등학교까지 최소 15년 이상 그림을 그린다. 이 기간 동안 제2의 미니언즈, 심슨이 나올 수 있다. 부모들이 캐릭터 비즈니스에 감각이 있다면 우리 아이들이 평생 먹고 살 수 있는 캐릭터를 만들어낼 수 있다. 이제부터라도 우리 아이들의 그림을 유심히 관찰하고 발전 가능성이 있는지 살펴볼 필요가 있다.

레고 장난감이 예술로 태어나다

뭉크의 절규가 호머 심슨의 절규로 그리고 레고의 절규로 이어졌다. 하나의 콘텐츠가 21세기의 대표 애니메이션 캐릭터로 그리고 레고로 다시 새롭게 정의되어 계속해서 살아 숨쉬고 있다.

네이선 사와야, 레고의 절규

네이선 사와야는 미국 출신의 레고 아티스트다. 레고 블록으로 거대 조각상을 제작하는 것으로 유명하다. 레고에 대한 열정을 가지고 있다면 네이선 사와야와 같은 레고 아티스트가 될 수 있다.

국내에서도 레고를 가지고 전시 예술, 아이디어 도출, 문제해결, 커뮤니케이션 도구로 활용하고 있다. 국내 최초 레고 사진작가인 이제형은 장난감 레고를 전시 예술의 영역으로 확장하였으며 진케이^{김학진}는 레고를 활용하여 영화 장면을 새로운 시각으로 메시지를 전달하며 환경파괴와 같은 사회적 이슈도 표현하고 있다.

레고 퍼실리테이터라는 직업이 있는데 머릿속에 있는 아이디어를 레고를 이용해서 형상화하고 문제점을 이야기하면서 아이디어를 발전시키고 효율적인 의사 결정을 이끌어낼 수 있도록 도와주는 역할을 한다. 즉 레고를 가지고 어떻게 활용하지를 지도하는 레고 선생님이다.

실제로 나사가 우주왕복선 사고 안전대책팀을 조직하여 연구자와 엔지니어 간의 커뮤니케이션을 하는 데 레고가 사용된 사례가 있다.

린다 옵스트, 우주에 대한 열정과 리더십으로 '인터스텔라'를 만들다

필자는 '인터스텔라'를 10번 이상 본 것 같다. 영화관에서 그리고 잊을 만하면 IPTV에서 보여준다. '인터스텔라'는 린다 옵스트가 만든 영화다.

린다 옵스트는 다채로운 영화를 만든 제작자로 '플래시 댄스', '피셔 킹', '콘택트', '10일 안에 남자친구에게 차이는 법' 등을 제작하였으며 과학잡지 에디터이기도 하다. 린다는 칼 세이건과 함께 '콘택트'를 만들기도 했다.

필자는 린다가 2015년 글로벌 문화기술 포럼에서 발표한 "영화 인터스텔라, 흥행하는 콘텐츠의 법칙"에 대한 기조연설을 들은 적이 있다. 그녀는 흥행하는 콘텐츠의 법칙에 대해서 스토리와 기술의 조화를 강조하였는데 "영화가 담고 있는 내용과 퀄리티가 좋지 않으면 성공하기 어렵고 성공하는 영화는 소재가 신선해야 한다"고 말했다.

린다는 구상해 놓은 과학 영화의 기본 발상에 살을 붙이는 작업을 킵손 교수와 시작했다. 과거에 칼 세이건과 함께 '콘택트'를 만들었던 것처럼 킵손 교수는 웜홀, 블랙홀, 중력파, 5차원 우주, 인간과 고차원 존재들의 만남을 린다의 구상에 추가하여 20여 쪽 분량의 트리트먼트를 완성했다. 이 트리트먼트는 영화감독 스필버그가 관심을 갖게 되어 영화 제작에 속도가 붙게 되었다.

린다는 '인터스텔라 과학 연구회Interstellar Science Workshop'를 열어 우주생물학자, 행성학자, 이론물리학자, 우주학자, 심리학자, 우주정책 전문가 등 14명이 참여한 열띤 토론을 거쳐서 트리트먼트를 수정하고 보완하였다. 린다는 크리스토퍼 놀란의 동생 조너선 놀란을 시나리오 작가로 정했는데 조너선은 과학을 잘 몰랐지만, 그는 영리하고 호기심이 많아서 얼마 후 킵손과 중력이상Gravitational anomaly을 논할 수준이 되었다. 조너선은 여러 달 동안 영화와 관련이 있는 과학책을 모조리 섭렵했을 정도로 열심히 공부했다. 그런데 스필버그가 파라마운트사와 문제가 생겨서 영화 제작에 위기가 왔을 때 린다는 탁월한 문제해결 능력을 발휘해 크리스토퍼 놀란의 부인 엠마 토머스가 '인터스텔라'에 관심을 갖게 했다.

크리스토퍼 놀란이 영화 배경 지식을 학습하고 재창조하는 역량은 천재적이다. 린다와 킵손 교수의 트리트먼트는 놀란 형제의 손을 거치면서 엄청난 스토리로 만들어졌고 드디어 진짜 과학에 토대를 둔 블록버스터 영화를 만들겠다는 린다와 킵손 교수의 꿈을 현실로 만들었다. "내용과 퀄리티가 좋지 않으면 성공하기 어렵고 소재가 신선해야 한다"는 말처럼 인터스텔라 과학 연구회와 놀란 형제 참여로 내용, 퀄리티,

선선함이 충족되었다.

린다는 필자의 페친이기도 하다. 우연히 페이스북에서 린다 정보를 확인하고 친구 신청을 했는데 영광스럽게도 페친 수락을 해주었다. 린다는 확실히 페미니즘 성격이 강하고 사회의 부조리와 비정상에 대해서 결코 용납하는 성격이 아니었다.

일전에 린다 옵스트에게 '인터스텔라'를 만드는 데 얼마나 걸렸냐고 물었더니 10년 동안 준비해서 만들었다고 한다. 참 엄청난 준비기간이 아닐 수 없다. 린다는 한국에 대해서도 애정이 깊어 보인다. 아마도 '인터스텔라'를 전 세계에서 가장 많이 관람해서 그런 것이 아닌가 하는 생각이 든다. 린다는 한국인의 지적 호기심과 '인터스텔라'가 아주 잘 맞았다고 생각했다.

린다는 '인터스텔라'와 한국에 대해 "인터스텔라는 나를 한국의 영혼과 연결시켜 주었다. 멋진 사람들이야"라는 말로 표현한다. 린다가 과학 기반의 영화를 제작하게 된 계기는 친구이자 스승인 칼 세이건의 영향 때문이었다. 린다는 "인터스텔라와 같은 과학 시나리오를 캐릭터와 잘 조합하면 관객에게 동기부여를 할 수 있고 영화를 통해서 과학을 경험할 수 있다. 과학 기반 영화를 제작하는 핵심은 작가의 창의성과 과학의 현실을 조율하는 것이다. 그래서 작가와 감독, 과학자의 커뮤니케이션이 중요하다"고 말한다. 영화를 만드는 것은 로켓 발사처럼 참여자와 긴밀한 협력과 조정을 이끌어내는 최상의 리더십이 필요하다.

지구에서 가장 창조적인 기업 '픽사'

현재 지구상에서 가장 '인크레더블'한 창조기업이라고 물으면 '픽사'라고 대답하는 사람들이 많다. 픽사는 이혼 소송으로 돈이 필요한 영화 감독 루카스로부터 애플에서 쫓겨난 스티브 잡스가 500만 달러에 사들인 회사였다.

픽사에는 두 개의 부서가 있는데 하나는 실사를 촬영한 영화 장면을 디지털화하고 거기에 시각효과를 제작할 수 있는 컴퓨터를 개발하는 부서와 컴퓨터 그래픽으로 단편 애니메이션을 제작하는 애니메이션 부서다. 스티브 잡스가 픽사를 사들이면서 장장 10년 동안 애증의 시기를 함께 보낸다. 사실 픽사는 10년 동안 잡스의 돈을 엄청 까먹었다. 픽사의 CEO 에드윈 캣멀, 부사장 앨리 레이 스미스는 돈이 떨어질 때가 되면 잡스에게 찾아가 더 투자를 해야 한다고 설득하러 갔다가 심하게 다툰 적이 여러 번 있었다.

잡스는 자신이 화이트보드에 쓴 글을 지우는 것을 무척이나 싫어했는데 잡스가 화이트보드에 쓴 글을 지우면 난리가 나서 누구도 함부로 지우지 못했다. 오직 잡스만이 지울 수 있었다. 그런데 한번은 캣멀이 왜 돈이 필요한지 이유를 설명하려고 화이트보드를 지워서 잡스를 폭발시킨 적도 있었다. 그리고 잡스가 흥분할 때 특유의 말버릇이 있었는데 이를 흉내내다가 심한 언쟁까지 했다. 잡스는 적자만 내는 픽사를 매각하려고 시도한 적도 있었다.

당시 독일 제조업 회사인 지멘스가 픽사에 관심을 보였다. 이유는 지멘스가 공급하는 의료장비에 3D 기술이 필요했는데 픽사가 이 분야에 기술력이 있었기 때문이다. 만약 잡스가 픽사를 지멘스에 팔았다면 지금의 픽사는 존재하지 않았고 우리는 픽사의 애니메이션을 볼 수 없었을 것이다. '토이스토리' 개봉 전에 매각을 추진하던 잡스는 갑자기 매각을 중단해 버렸다. 역시 잡스의 사업적 감각은 천부적이다. 1995년 개봉된 '토이스토리'는 엄청난 히트를 기록한다. 이때부터 픽사는 '인크레더블', '몬스터 주식회사', '니모를 찾아서', '월-E', '인사이드 아웃', '굿 다이노' 등 내놓은 작품마다 경이적인 기록을 세우며 흥행돌풍을 일으켰다.

2006년 1월 24일 스티브 잡스는 픽사를 67억 달러8조 98억 원에 디즈니에 매각했는데, 1986년 루카스로부터 500만 달러에 사들여서 20년 동안 1,500배 성장이라는 놀라운 기록을 남겼다. 픽사의 애니메이션이 성공할 수밖에 없는 이유는 '기술과 예술의 조화'와 '경험을 중시하는 스토리' 때문이다. 화소Pixel와 예술Art의 조화를 상징하는 단어인 픽사Pixar는 늘 새로운 기술로 다양한 시도를 한다.

픽사가 경쟁사보다 앞서가는 원동력은 기술과 예술의 균형 있는 조화에 있었다. 드림웍스는 픽사와 다르게 한동안 기술이 주가 되었던 적이 있었다. 그래서 CG기술은 탄성을 자아냈지만 스토리가 약해서 흥행에 실패한 사례가 여러 번 있었다. 드림웍스가 매각되는 아픔을 겪게 된 이유이기도 하다.

픽사는 새롭게 애니메이션을 만들 때마다 새로운 기술에 도전한다. 픽사는 물리학, 유체역학 알고리즘을 CG기술로 구현하여 캐릭터의 움직임과 자연 환경의 사실성을 극대화시켰다.

자동차들이 직업을 가지고 우정과 사랑을 나누며 자동차 경주를 즐기는 '카'의 제작에는 물리학이 큰 기여를 했다. 자동차가 질주할 때 자동차의 움직임이 땅의 표면 상태에 따라 흔들릴 수 있도록 코딩을 했다. 물리학의 법칙이 정확하게 관철되도록 코딩을 했기 때문에 구부러진 길에서는 자동차가 한쪽으로 쏠렸고 울퉁불퉁한 길에서는 덜거덕거렸다.

픽사는 여러 대학에서 발표한 물리학 논문에서 검증된 알고리즘을 활용해서 캐릭터의 움직임이나 빛에 따라 캐릭터의 얼굴 밝기를 자동 조정해 주는 기능을 개발하여 애니메이션 제작에 사용하고 이후 소프트웨어로 판매도 했다. 이처럼 픽사는 상업적인 선순환 구조를 만들었다. "예술은 기술을 발전시키고, 기술은 예술에 영감을 준다"는 픽사의 제작자 존 라세터의 말처럼 픽사는 예술과 기술을 최적으로 조합하여 최상의 상업적 성공을 거두었다.

픽사가 애니메이션에서 가장 중요하게 여기는 것은 첫째도 스토리, 둘째도 스토리, 셋째도 스토리다. '벅스라이프'를 제작할 때는 모두 곤충전문가가 되었고, '니모를 찾아서'를 만들 때는 아티스트들이 해양 생물에 대한 지식을 배울 수 있도록 물고기 전문가를 초빙했으며 말린과 도리가 고래에게 잡아먹혀 고래 뱃속에 갇히는 장면을 준비하기 위해서 미술팀 두 명은 마린 반도에서 해안가로 떠밀려와서 죽은 쇠고래의 몸 안에 들어가기도 했다. 제작진은 물고기를 해부해 근육, 심장, 아가미, 부레 등을 관찰하기도 했다. 또한 파도, 고래 생태, 해파리의 추진력, 해초의 움직임, 바다 속의 투명도 등 해양 분야의 세계적인 권위자들을 초빙하기도 했다.

'카'에서는 경주용 자동차의 소리를 현실감 있게 전달하기 위해서 F1 그랑프리 카메라 감독을 초빙해서 경기 중계의 경험을 전수받기도 했다. '라따뚜이'를 위해서 핀카바 감독과 프로듀서는 심지어 나파 밸리에 있는 고급 식당 '더 프렌치 론드리'의 주방에서 견습생으로 일하기도 했다. 나중에는 영화 속 장면의 정확성을 기하기 위해서 몇몇 사람들이 파리로 날아가서 6일 동안이나 도시와 음식점들의 풍경을 담았다. 특수효과 팀은 영화 초반에 나오는 쥐들이 빗물 배수관에 흐르는 물을 타고 빠르게 이동하는 영상을 준비하기 위해 새크라멘토 인근에 있는 아메리칸 강에서 급류를 타기도 했다.

'월-E'를 만드는 과정에서 픽사의 제작진과 애니메이터들은 로봇에 관해 다양한 연구를 진행했다. 이들은 실제 로봇을 설계하는 전문가들과 나사의 과학자들을 만나고 로봇 학회에도 참석했으며 로봇을 몇 개씩이나 구입하기도 했다. 또 우주 공간에서 인간들이 수백 년 동안 살

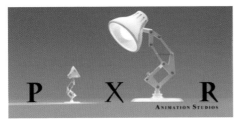

룩소 주니어

영화 월-E

면 어떤 모습이 될지 알아내기 위해 나사의 전문가를 만나 무중력 상태
가 인체에 어떤 영향을 미치는지에 대해 공부하기도 했다.

'월-E'를 디자인하는 데 흥미로운 조합의 사례를 볼 수 있다. 월-E 캐
릭터는 디자인은 픽사의 로고 '룩소 주니어'를 뼈대로 만들어졌다. 스탠
튼 감독이 최초로 구상했던 것은 사각형 몸체에 전구 한 알짜리 램프를
얹는 것이었다. 하지만 야구 경기를 보러 갔다가 그는 유레카를 외쳤
다. 야구장에서 망원경을 본 순간, 월-E의 눈을 찾아낸 것이다. 볼트와
너트가 노출된 월-E의 투박한 모습과 달리, 월-E가 사랑에 빠지는 이브
는 애플 로고에서 디자인 컨셉을 잡았다.

'인사이드 아웃'은 DNA와 신경세포 구조에서 영감을 받아 제작되었
다. 이처럼 픽사의 창의적인 스토리는 생활에서 일어나는 우리들의 삶

에서 시작되었다. 익숙해서 평범하게 보이는 사실을 다르게 보고, 다르게 관찰하고, 다르게 상상하고, 다르게 의미를 부여해서 새로운 스토리를 만들어냈다.

일반적으로 할리우드 애니메이션의 공통적인 주제는 사랑과 우정이다. 매우 평이한 주제를 가지고 2시간 가까이 지루하지 않고 드라마틱하게 감동적인 스토리를 이끌어간다. 스토리의 원천은 자연과학에 기반한 사실과 경험에서 나오는 이야기다. 그 이야기를 애니메이션이지만 일상생활에서 볼 수 있는 캐릭터를 자연스러운 영상으로 만들어내는 것이 CG기술이다. 픽사는 스토리와 기술을 완벽하게 조합해 살아있는 애니메이션을 만들 수 있는 지구에서 가장 창의적인 조직이다.

픽사의 스토리는 영역을 가리지 않는다. 그것이 우주든, 생명공학이든, 해양이든, 자동차 경주든 사람과 관련된 모든 영역은 스토리의 단서가 된다. 픽사는 창의적인 스토리, 경험, 기술과 수평적인 조직문화가 이상적으로 어우러진 회사다. 픽사는 4차 산업혁명이 가져다줄 수 없는 감성, 감동, 우정 그리고 사랑의 의미를 일깨워주는 가장 창조적인 스토리텔러다.

4차 산업혁명의
여정을 떠나며

미국 테네시주에 살고 있는 브라이언은 전화 영어를 지도하는 영어 선생이며 동시에 사진사다. 주로 주말에 웨딩, 생일파티, 부동산 사진을 찍는데 최근 새로운 경쟁자가 나타났다. 새로운 경쟁자는 드론을 사용해서 부동산 사진을 찍는 사진사다. 부동산 사업자는 집안뿐만 아니라 부동산 경관을 보여줄 수 있도록 외부까지 사진 찍기를 원한다. 부동산이 자연 경관과 어우러진 사진을 찍을 수 있는 방법은 드론뿐이다. 브라이언도 자신의 고객을 지키기 위해 드론을 배울 수밖에 없었다.

인류가 도구를 활용해서 자연의 위협과 가난에서 벗어났듯이 새로운 기술의 활용은 국가, 기업, 개인이 발전할 수 있는 혁신과 새로운 기회를 가져다준다. 도구의 자동화는 과거에도 산업 전반에 활용되어서 이제 기계와 로봇이 인간의 일을 대체하는 일은 낯선 일이 아니다. 이제 클라우드, 사물인터넷, 빅데이터, 인공지능으로 자동화를 넘어서 지능화로 범위를 확장하고 있다. 사물이 지능화되어 인간의 일을 기계와 로봇이 대체하는 범위가 전 산업영역으로 확대되어 전통적인 노동의 가치에 영향을 미치고 있다.

　이제 노동의 기준과 가치가 바뀌어야 한다. 노동 생산성의 주체가 인간에서 기계와 로봇으로 이동되어 앞으로 노동가치 판단의 기준은 인간이 기계와 로봇을 활용해서 얼마나 많은 생산성을 낼 수 있느냐가 될 것이다. 로봇과 경쟁이 아닌 로봇을 활용해서 자신의 능력을 어떻게 확장할지를 고민해야 한다. 4차 산업혁명 시대는 전통적으로 주도한 좌뇌 중심 논리영역이 인공지능으로 대체됨에 따라 우뇌 중심 감성의 시대가 될 것이다.

다른 영역과의 융합이 4차 산업혁명 시대를 이끌 핵심 키워드가 된다. 앞으로 개인의 융합 역량 수준에 따라 4차 산업혁명시대에서 로봇을 부릴지 아니면 로봇과 경쟁할지 위치가 결정될 것이다. 코딩은 4차 산업혁명 시대에서 배워야 할 중요한 아이템이다. 하지만 코딩은 반드시 디자인과 함께 짝을 이루어야 한다. 디자인과 코딩은 새로운 아이디어를 구체화시키는 최상의 도구다. 생각하고 있는 아이디어를 이미지와 제품으로 시각화Visualization하고 코딩을 통해서 기능을 구현할 수 있다. 디자인과 코딩은 머릿속에 있는 생각을 볼 수 있고 만질 수 있게 하는 도구이며 엔진이다.

그런데 상상력을 실현하는 엔진이 새롭고 다양한 것을 만들어 내기 위해서는 연료가 있어야 한다. 사물에 대한 관심과 관찰력이 필요하며 관찰을 통해서 다르게 생각하고 기존 것을 새롭게 조합하는 능력이 엔진에 연료처럼 투입되어야 한다. 자동차에 연료를 넣지 않으면 정지해 버리는 것처럼 조합이라는 연료가 있어야 한다.

조합이라는 연료가 엔진을 움직이면, 이제 엔진을 활용해서 새로운 비즈니스와 프로젝트를 만들 준비가 되었다. 피카소도 주변 사람들의 배려와 지원으로 위대한 예술가가 되었듯이 인터넷으로 연결된 세상에서 자신이 개발한 엔진을 기반으로 함께 사업을 추진하고 성과를 만

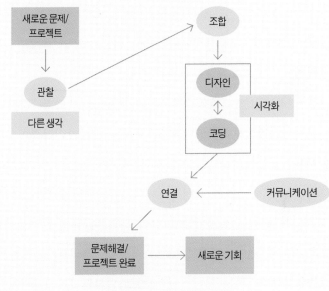

6가지 코드 실행과 메커니즘

들어내면 자연스럽게 연결 역량도 확대될 것이다. 인터넷으로 연결된 글로벌 네트워크에서는 자신이 가진 엔진을 무한히 확대할 수 있다.

연결을 통해 네트워크를 만들었다면 상대방과 자신의 생각을 공유하고 공감하기 위한 커뮤니케이션 역할이 중요한다. 자신의 생각을 잘 표현하기 위한 스토리텔링이 필요하며 다른 나라 사람들과 공감대를 형성하기 위한 영어와 같은 어학이 필요하다. 인공지능 통역기를 활용할 수 있지만 "당신과 함께 성공적인 프로젝트를 만들고 싶다"라는 말로 마음을 전달한다면 비즈니스 파트너와 확실한 공감대를 만들 수 있다.

모든 비즈니스나 프로젝트의 시작과 끝은 사람이다. 조합이라는 동력이 엔진을 움직이게 하고 네트워크로 연결된 세계의 사람들과 협력하여 기회를 찾고 사업을 만들어가는 과정에 디자인과 코딩이 그 중심에 있어야 한다.

4차 산업혁명의 시작은 가정이 중심이 되어야 한다. 전통적인 좌뇌 중심의 교육 시스템에 변화가 필요하다. 가정에서 우뇌를 개발할 수 있는 환경을 만들어 주어야 한다. 사물에 대한 관심을 갖고 공감하고 다르게 생각할 수 있는 용기를 키워야 한다. 특정과목에 치중하고 점수가 안 나오면 "우리 애는 공부에는 소질이 없는 것 같다"라는 선입견과 성급한 판단은 자녀가 무한히 성장할 수 있는 기회를 포기하는 것이다. 우뇌 영역을 키워줘야 한다.

부족한 좌뇌 역량은 인공지능으로 극복할 수 있다. 이제 좌뇌, 우뇌 이분법적인 사고로 4차 산업혁명을 주도하는 리더가 될 수 없다. 자녀의 수학점수가 안 나오더라도 수포자가 되지 않도록 격려와 용기를 주어야 한다. 그리고 기다려주어야 한다. 수학에 대한 트라우마가 있어

수학이라는 단어만 나오면 귀를 닫아버려서는 안 된다. 문제를 빨리 못 풀어서 점수가 안 나오더라도 원리를 이해하고 있다면 API를 활용해서 충분히 수리 사고력을 보완·계발할 수 있다. 가정에서는 자녀들이 수학에 흥미와 지속적인 관심을 가질 수 있도록 학교와 교육부에 문제 제기를 해야 한다.

입시만을 위한 수학이 아닌 실용적인 수학으로 변화하도록 유도해야 한다. 흥미로운 스토리가 있는 과학, 미술, 역사 그리고 IT와 융합된 수학으로 변화하지 않으면 안 된다. 수학의 시작은 왜Why이다. 왜 공식이 나왔는지와 실생활에 어떻게 활용할 수 있을지 궁금해해야 한다.

4차 산업혁명으로 클라우드, 사물인터넷, 빅데이터, 인공지능 기술이 조합되어 사회 시스템과 전 산업에 영향을 미칠 것이기 때문에 기술을 학습하고 활용법을 배워야 한다. 가정에서 최신 기술 트렌드를 배울 때 IT 전문가 커뮤니티를 통하는 것이 효과적이며 일회성이 아닌 지속적인 연결고리를 유지하는 것이 중요하다. 필자도 새로운 기술을 학습할 때 전문가의 세미나를 통해서 신기술 활용에 대한 아이디어를 얻는다. 세미나에서 전문가와 네트워크를 구축하고 교류를 통해서 새로운 비즈니스를 만들고 협력관계를 확대한다.

필자는 이런 과정에서 사회관계자본을 만들고 있다. 가정이 IT트렌드를 이해하고 학습하기 위한 지름길은 IT전문가 멘토를 만드는 것이다. IT전문가 멘토처럼 과학, 미술, 음악, 스포츠, 여행, 역사 등 여러 네트워크와 커뮤니티 교류를 통해서 의미와 가치를 파악하는 노력이 자녀의 지식과 경험을 확장하는 데 큰 역할을 할 것이다. 같은 학년 학부모 모임에서 어설픈 경쟁심으로 가정의 에너지를 낭비해서는 안 된다. 이런 경쟁심이 자녀의 교육 전략에 영향을 주어서는 안 된다. 수평적 학부모 커뮤니티에서 수직적 학부모 커뮤니티로 바뀌어야 한다. 수평적 학부모 네트워크에서는 '정보의 교류'만 가능하지만 수직적 학부모 네트워크에서는 '경험의 공유'가 가능하다.

경험자의 말이 미래 전략을 수립하는 데 큰 도움이 되듯이 멘토의 중요성이 여기에 있다. 정보는 인터넷에 넘쳐나지만 경험자가 풀어주는 이야기는 수평적 커뮤니티에서 얻기 힘들다. 4차 산업혁명 시대에서는 융합능력과 인문학 소양을 가진 사람이 양질의 직업을 지속적으로 유지할 수 있고 새로운 기회를 만들 수 있다. 덕업일치처럼 자녀들이 좋아하는 분야를 함께 찾아 주고 시작할 수 있게 지원해 주어야 한다. '자녀의 미래를 찾는 여정'은 빨리 시작하는 것이 유리하다.

이노디자인 김영세 대표는 중학교 3학년 때, 로봇 과학자 데니스 홍은 일곱 살 때, 대한민국을 대표하는 래퍼 도끼는 15세 때 자신이 무엇을 할지 확고히 결정했다. 자녀들이 자신의 미래를 설계할 수 있는 계기를 만들 수 있는 환경을 계속해서 만들어줘야 한다. 자녀와 컴퓨터 게임으로 갈등을 빚고 있다면 게임만 하지 말고 게임이 어떻게 만들어지는지 관심을 가질 수 있도록 유도하는 것이 지나친 게임몰입에서 벗어날 수 있는 대안이 된다. 게임 개발은 스토리, 캐릭터 디자인, 물리역학, 코딩이 포함된 조합 과정이다.

게임의 소비자에서 게임 제작과정을 이해하여 새로운 스토리를 만들어내는 생산자로 시야를 확장할 수 있도록 게임 개발자 커뮤니티에 참여하는 것도 좋은 방안이다. 데이터 사이언티스트 역량을 키우기 위해서는 사회현상이나 지역커뮤니티 이슈를 논문으로 쓰는 것도 좋은 접근방법이다. 논문은 문제에 관한 정보를 수집하여 분석하고 일련의 문제해결 과정을 경험할 수 있는 좋은 도구이다. 취업을 위해서 회사를 찾아볼 때 플랫폼을 가지고 있는 회사이거나 플랫폼으로 발전 가능성이 있는 회사인지 확인해야 한다.

4차 산업혁명 시대에 지속가능한 성장을 위해서는 플랫폼은 선택이 아닌 필수다. 전통적인 금융, 유통, 서비스 산업이 플랫폼으로 핵심역량을 이동하듯이 GE와 같은 제조회사도 플랫폼 확보에 사활을 걸고 있다. 계속해서 데이터를 만들어내고 공유할 수 있는 데이터의 생산과 동시에 소비하는 회사인지 확인해야 한다. 만약 이런 데이터 중심 회사로 발전 가능성이 없다면 4차 산업혁명 시대에서 생존하기 힘든 기업이다.

프로그래밍 언어를 배우게 되면 코딩을 해서 시스템을 만들 수 있는 준비가 된 것이다. 하지만 시스템을 개발하기 위해서 몇 가지 더 준비를 해야 한다. 코딩을 위한 개발 환경과 코딩을 해서 개발된 앱을 운영하기 위한 서버가 있어야 하며 처리된 정보를 저장하기 위한 저장 공간도 필요하다. 코딩 환경, 서버, 저장 시스템을 사용하기 위한 기술학습 시간과 하드웨어 준비를 위한 비용도 필요하다. 하지만 클라우드를 통해서 시스템 개발에 필요한 학습 시간과 하드웨어 비용을 대폭 줄일 수 있다. 아이디어와 코딩을 할 수 있다면 클라우드에서 제공하는 자동화 기능을 이용하여 쉽고 빠르게 시스템을 개발할 수 있으며 자신이 개발한 시스템을 클라우드에 올려서 전세계 누구나 사용할 수 있도록 제공할 수 있다. 클라우드에서 개발된 시스템으로 우리는 세계인들과 소통할 수 있다. 클라우드를 활용한다면 시스템 개발을 위해 반드시 컴퓨터 공학자가 될 필요는 없다. 아이디어와 코딩 능력만 있으면 된다.

투수가 마운드에서 오랫동안 투구를 하려면 다양한 구종을 가지고 있어야 한다. 타자는 투수의 구종을 예측해서 타격한다. 투수가 던지는 구종이 단순하면 그만큼 안타를 칠 확률이 높아지게 된다. 조합, 관찰,

디자인, 코딩, 연결 그리고 커뮤니케이션 6가지 코드는 4차 산업혁명이라는 마운드에서 강력한 구종으로 발휘될 것이다.

필자가 강조한 4차 산업혁명을 위해 준비해야 할 6가지 코드는 기존에 우리가 알고 있고 주변에서 쉽게 찾을 수 있는 대상이다. 하지만 알고 있는 것과 그 역량을 키우기 위해서는 막연한 개념이 아닌 구체적인 실행 방법이 필요하다. 현재 학교와 지자체에서 활발히 운영되고 있는 방과 후 학습에 관심가질 필요가 있다. 자녀가 6가지 코드를 습득하기 위한 단, 중장기 일정을 만들어야 한다. 이와 동시에 영역별 전문가 네트워크와 커뮤니티를 활용하여 방과 후 학습을 보완하는 전략을 동시에 가져가야 한다.

바둑 영화 '신의 한수'에서 "상수上手에게는 세상이 천국이지만 하수下手에게는 지옥이지"라는 대사가 있다. 가족이 4차 산업혁명을 대응하기 위해 함께 전략을 만들고 실행한다면 지옥이 아닌 놀이터를 만들 수 있다. 대한민국 모든 가정이 4차 산업혁명 시대의 주인이 될 수 있기를 응원한다. 지옥이 아닌 놀이터가 되어 대한민국에서 아시아로 세계로 도약할 수 있는 기회를 만들기를 기원한다.

옥준 씨를 그리워하며

다섯 명의 자식을 둔 한 아버지가 있었다. 그 중 한 아들이 유독 병약하고 총명하지도 못해 늘 주눅 들어 있는 모습에 아버지는 가슴이 아팠다.

어느 날, 아버지는 다섯 그루의 나무를 사왔다. 그리고 다섯 명의 자식들에게 한 그루씩 나누어 주며 1년 동안 나무를 가장 잘 키운 아이에게 무엇이든 해주겠다고 약속을 했다. 약속한 1년이 되었을 때, 아버지는 자식들을 데리고 나무가 자라고 있는 숲으로 갔다. 놀랍도록 유독한 그루의 나무가 다른 나무에 비하여 키도 크고 잎도 무성하게 잘 자라 있었다. 바로 아버지의 가슴을 가장 아프게 하였던 아이의 나무였다. 약속대로 아버지는 아들에게 원하는 것을 물었고 아이는 자기가 딱히 무엇을 요구해야 할지조차 말하지도 못했다. 아버지는 이런 아들을 향해 큰 소리로 칭찬했다.

이렇게 나무를 잘 키운 것을 보니 너는 분명 훌륭한 식물학자가 될 것이며, 그리 될 수 있도록 온갖 지원을 아끼지 않겠다고 모두들 앞에서 약속했다. 아버지와 형제들로부터 명분 있는 지지와 성원을 한몸에 받은 아이는 식물학자가 되겠다는 꿈에 부풀어 그날 밤 잠을 이루지 못했다. 아들은 하얗게 밤을 지낸 새벽 잘 자라준 나무가 고맙고 신통하여 숲으로 갔다. 어스름한 안개 속에 움직이는 무언가가 그의 나무 주변에서 느껴졌고, 곧 이어 물조리개를 들고 있는 아버지의 모습이 아들의 두 눈에 보였다.

이 아이가 자라서 미국 국민들의 가장 많은 지지와 신뢰를 받은 훌륭한 대통령이 되었다. 그가 바로 프랭클린 루즈벨트 대통령이다. 병약하고 총명하지 못했던 아들에게 건넨 아버지의 격려가 미국 최초의 4선 대통령으로서 뉴딜정책을 추진하여 대공황을 극복하고 2차 세계대전을 승리로 이끌도록 만들었다.

기술이 주도하는 4차 산업혁명 시대에 사랑하는 딸이 앞으로 무엇을 준비하고 어떤 역량을 키워야 할지를 그동안 IT 기획과 시스템 개발에서 쌓은 경험과 교훈을 아빠의 마음으로 정리했다. 이 책을 쓸 수 있는 동력이 되어 준 라경이와 든든한 후원자가 되어 준 영미 씨에게 고마움을 전한다. 최신 기술을 조합해서 새로운 솔루션과 서비스를 개발할 수 있는 터전이 되어준 LG CNS와 LG엔시스에 항상 감사함을 가진다.

디지털 콘텐츠 비즈니스와 플랫폼의 정수를 가르쳐 주신 서강대 현대원 교수님께 깊은 감사를 표한다. 애니메이션, 영화, 디자인, 건축 그리고 예술의 아이디어 뱅크인 한국콘텐츠진흥원, 서울시립미술관, 동대문 DDP 그리고 예술의전당은 언제나 소중하고 감사한 곳이다. 책을 쓰는 데 대중의 의견을 들을 수 있도록 세미나 기획과 행사를 지원해준 킨텍스 정형필 실장님과 서강대 언론대학원 관계자 분들에게 감사함을 전한다.

자신의 일처럼 관심을 가지고 소중한 의견을 준 박승용 과장에게 고마운 마음을 표한다. 처음으로 고등학생들에게 '4차 산업혁명과 미래 직업'이란 주제로 발표할 수 있게 소개해준 송은주 씨에게 감사함을 전한다. 이 책이 사람들에게 공감대를 가질 수 있는지 문의를 했을 때 솔직한 평가와 방향성을 제시해준 출판사 관계자와 지인들에게 고맙다는 인사를 전한다. 이 책이 4차 산업혁명을 현명하게 대처하고 적극적으로 활용하여 새로운 기회와 양질의 일자리를 지속적으로 가질 수 있도록 도움이 되는 교과서가 되기를 소망한다.